China lädt ein zum Genießen

Kommen Sie mit auf eine kulinarische Reise durch
das riesige Land. Entdecken Sie die Spezialitäten
der verschiedenen Regionen, lassen Sie sich von
immer neuen Geschmackserlebnissen verführen.
Für all diese Köstlichkeiten müssen Sie nicht um die
halbe Welt reisen. Sie können sie mit diesem Buch in
Ihrer Küche und an Ihrem Eßtisch kennenlernen –
mit verlockenden Rezepten für feine Vorspeisen,
Reis- und Nudelgerichte, Speisen mit Fleisch, Geflügel,
Fisch und Tofu, köstliche Suppen und verführerische
Desserts. Machen Sie es wie die Chinesen, für die
jede Mahlzeit ein Ereignis ist.

Die Regionen des Landes

Die kulinarische Landschaft Chinas bietet – ähnlich wie das riesige Land selbst mit seinen extremen regionalen Klima- und Produktunterschieden – eine breite Geschmacks- und Zubereitungsvielfalt. Wer China bereist, wird in jeder Region von einer anderen Kochkunst überrascht.

Die Peking-Küche oder die Küche des Nordens

Peking ist seit Jahrhunderten Hauptstadt und kulturelles Zentrum Chinas und hat unterdessen die feinste und vielseitigste Küche des Landes entwickelt. Die Jahreszeiten sind in dieser nördlichen Region deutlich zu unterscheiden: Brütendheiße Sommer und bitterkalte Winter wechseln einander ab. Da Reis in diesem Klima nicht gedeiht, pflanzen die Bauern andere Getreide an.

Weizen, Gerste und Mais liefern gute Ernten – kein Wunder also, daß Teigwaren wie Frühlingsrollen oder Teigtaschen oft serviert werden. Wichtigste Gemüsesorten sind Chinakohl, Gurken und Sellerie, auch Sojabohnen sind weit verbreitet. Die Vorliebe für Knoblauch und Zwiebeln lassen den Einfluß aus der Mongolei und Shantung spüren.

Die Shanghai-Küche oder die Küche des Ostens

Dank des milden Klimas gedeihen im fruchtbaren Delta des Yangtsekiang Weizen und Reis. Die zahlreichen Flüsse, Seen und natürlich das Meer liefern allerlei Köstlichkeiten für den Speisezettel. Besonders bekannt ist die Shanghai-Küche für die Verwendung von Zucker, auch süßsaure Saucen sind beliebt. Die Provinz Fukien ist berühmt für ihren Tee und gute Sojasauce – in Sojasauce Geschmortes hat hier seinen Ursprung.

Reis gehört zu den wichtigsten Grundnahrungsmitteln Chinas.
Im Süden des Landes kann er zwei- bis dreimal pro Jahr geerntet werden.
Gearbeitet wird hier auf den Reisfeldern von Guilin am Li-Fluß.

Die Szetschuan-Küche oder die Küche des Westens

Szetschuan mit den Yangtse-Schluchten ist die Heimat der possierlichen Pandabären und zudem die Reiskammer Chinas. Weltruhm errang ein kleiner Scharfmacher: der Szetschuan-Pfeffer. Auch Chilis sind in dieser Region sehr beliebt – sie fehlen nur bei wenigen Gerichten. Wenn nicht kräftig scharf, so sind Speisen salzig, süß oder sauer – und zwar jeweils sehr ausgeprägt.
Typische Spezialitäten: Scharfsaure Suppen, knusprige Enten, geschmortes Schweinefleisch. Fisch kommt nur selten auf den Tisch.

Die Kanton-Küche oder die Küche des Südens

Tropisches Klima herrscht in der Provinz Kwangtung, deren Küstenebenen und Perlflußdelta fruchtbares Ackerland bieten. Reis kann zweimal geerntet werden, Süßkartoffeln, Mais, Weizen werden angebaut. Blattgemüse gedeiht üppig, auch tropische Früchte wie Orangen, Bananen, Ananas, Lychees, Pfirsiche, Longans reifen. Man trifft auf Schweine-, Geflügel- und Fischzuchten. Das Meer und die Flüsse liefern reichlich Fische. Die Kanton-Küche ist die bekannteste chinesische Küche außerhalb des eigenen Landes. Weltberühmt wurde die dort beliebteste Garmethode: das Pfannenbraten im Wok. Dim Sum, eine Art chinesischer Hors d'œuvre aus schöpferischen Variationen von Teigtaschen, gedämpft, geschmort und fritiert, sind kantonesische Spezialitäten.

Frühstück während der Arbeit. Zum Reis gibt es auch morgens schon Geflügel, Fisch oder Gemüse. Und eine heiße Suppe gehört ebenfalls dazu.

Chinesische Tischsitten

Essen ist für jeden Chinesen ein Ereignis, das für Freude, Glück und Genuß gleichermaßen sorgt.
Eine typisch chinesische Mahlzeit besteht zur Hauptsache aus Reis oder Teigwaren. Drum herum reihen sich drei, vier oder fünf feine Gerichte – je nach der Zahl der Personen, die mit am Tisch sitzen. Übrigens: Man sitzt auf Bodenkissen um einen niedrigen Tisch herum.

Das Alltags-Menü

Beim täglichen Menü stehen Reis und die anderen Gerichte gleichzeitig bereit – und zwar in der Tischmitte. Jeder bekommt eine kleine Schale auf einem Unterteller, einen Löffel, Stäbchen und ein Saucenschälchen. Er füllt sich die Schale mit Reis, häuft die anderen Speisen darauf oder tunkt diese in das Saucenschälchen, bevor er sie mit den Stäbchen zum Mund führt. Starre Menüfolgen sind unbekannt. Gewöhnlich jedoch beginnt man mit lokalen Spezialitäten, dann folgen Fleisch- und Geflügelgerichte, dann Fisch. Erst dann genießt man in China die Suppe, manchmal allerdings serviert man sie vor dem Fischgang. Traditionell trinken Chinesen zu kalten Vorspeisen Fruchtweine, zu Hauptgerichten warmen Reiswein oder Tee aus Deckelschalen.

Festlicher Schmaus

Chinesische Festessen werden mit einem angenehmen Brauch eröffnet: Der Gast bekommt in Dampf erhitzte Tücher gereicht, um Gesicht und Hände zu erfrischen. Die Art und die Größe der Festlichkeit bestimmen die Anzahl der Speisen – es können aber durchaus zwanzig oder mehr Gänge serviert werden. Bei Festessen bevorzugt der Chinese den großen runden Tisch mit einer drehbaren Platte in der Mitte, auf der die einzelnen Speisen in kleinen Portionen gereicht werden und für jeden Gast bequem erreichbar sind. Zunächst jedoch werden kleine Knabbereien angeboten: Nüsse, getrocknete Früchte, getrocknete Krabben. Auch zwischen den einzelnen Gängen wird gern geknabbert. Es folgen Vorspeisen, die sich jeder auf einen kleinen Teller legt. Die Hauptgerichte ißt man wie beim Alltagsmahl aus der Schale. Die kleinen Häppchen, die »Beilagen« zum Reis, legt man auf den Unterteller, bevor man sie samt Reis mit Hilfe der Stäbchen verzehrt. Als Abschluß können frische Früchte oder ein Dessert folgen, allerdings genießen Chinesen Süßspeisen eher zwischendurch oder am Morgen.

Spezielle Küchengeräte und Garmethoden

Chinesen kochen wie wir – und doch oft völlig anders. Es wird gekocht, geschmort, fritiert. Wer jedoch oft und gern typisch chinesisch kochen möchte, dem leisten einzelne Geräte gute Dienste. Wichtig ist, daß alle Vorbereitungen vor dem Kochbeginn erledigt werden, denn die Garzeiten sind für die meisten Gerichte ausgesprochen kurz. Während Fisch und Fleisch in der Marinade ziehen, werden die übrigen Zutaten geputzt und kleingeschnitten, Gewürze und Geräte bereitgestellt.

Stäbchen

Heute lernt jedes chinesische Kind bereits im Alter von 2 Jahren, mit Stäbchen zu essen. Es ist auch gar nicht schwer: Das untere Stäbchen ruht unbeweglich in der Mulde zwischen Daumen und Zeigefinger. Nur das obere Stäbchen holt die Häppchen – man hält es wie einen Bleistift und bewegt es mit

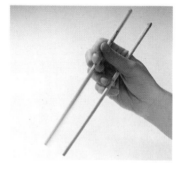

Mit Stäbchen zu essen ist leichter, als es aussieht – nur wenig Übung und etwas Geduld gehören dazu. Wie es gemacht wird, steht auf dieser Seite.

Zeige- und Mittelfinger und der Daumenspitze.
Nicht nur zum Essen verwendet der Chinese Stäbchen. In der Küche setzt er größere Holzstäbchen auch zum Kochen ein – wie wir unsere Kochlöffel.

Wok

Eine chinesische Erfindung – ein Mittelding zwischen Pfanne und Topf. Ursprünglich war er für offene Feuerstellen gedacht, mit einem abgerundeten Boden und schrägen Wänden. Heute gibt es auch Woks für

unsere modernen Herde – mit leicht abgeflachtem Boden. Durch den besonderen Boden verteilt sich die Hitze rasch und gleichmäßig – eine wichtige Voraussetzung für das Pfannenbraten. Aromen und Inhaltsstoffe der Zutaten bleiben weitgehend erhalten. Pfannenbraten ist jedoch nicht alles, was man mit einem Wok machen kann: Er eignet sich zum Fritieren und dank Zubehör wie Deckel und Bambuseinsatz zum Schmoren und Dämpfen.

Bambusdämpfer

Gedämpfte Speisen gehören zu den beliebtesten in der chinesischen Küche. Kein Wunder, daß die Hausfrauen ein spezielles Gerät dafür besitzen. Es besteht aus mehreren Bambus-Körben mit Bambusrosten als Boden. Das Gargut kommt in einer Schale in einen der Dampfkörbe (und wird naß, also in der sich sammelnden Flüssigkeit gedämpft) oder auch direkt auf den jeweiligen Rost (und wird dadurch trocken gedämpft). Die Körbe stapelt man in einem passenden Topf – so daß mehrere Zutaten übereinander garen können. Etwas Wasser angießen und den Topf verschließen – das sind die wichtigsten Schritte zum sanften Dämpfen. Ersatzweise können Sie Ihren Schnellkochtopf oder einen anderen großen Topf verwenden: Ein hitzebeständiges Gefäß in einen großen Topf stellen, etwas Wasser angießen, das Gargut in einer Schüssel oder auf einem Teller darauf stellen. Den Topf fest verschließen, aber nicht unter Druck setzen.

Kleingeschnitten und sanft gegart

In der chinesischen Kochkunst werden die meisten Zutaten mit einem Küchenbeil zerkleinert.

Scheiben
Gemüse, Fleisch oder Fische in Scheiben schneiden – je nach der im Rezept beschriebenen Dicke. Gemüse schneidet man dabei gern schräg in mundgerechte Scheiben.

Streifen
Erst dünne oder dicke Scheiben, dann Streifen schneiden.

Würfel
In dicke Scheiben, dann in dicke Stifte und zuletzt in Würfel schneiden.

Geometrische Formen
Für Viertel das Gemüse längs vierteln, dann in Scheiben schneiden. Für Rechtecke 4 bis 5 cm lange Stücke abteilen, senkrecht aufstellen und längs in dünne Scheiben schneiden. Für Halbmonde wird Gemüse längs halbiert, dann in dicke Scheiben geschnitten. Auch Dreiecke und unregelmäßige, keilförmige Stücke sind beliebt. Für gutes Gelingen sorgen scharfe Messer.

Blumen
Aus dem Gemüse längs 4 oder 6 Keile herauskerben, dann in Scheiben schneiden.

Bleistiftspitze
Möhren, Rettich, Gurken wie einen Bleistift »anspitzen«.

Blätterstreifen
Blätter von Kräutern und Salat längs teilen, aufeinander legen, in dünne Streifen schneiden.

Einkerben
Fleisch und Fisch werden mit einem scharfen Messer 2 bis 3 cm tief diagonal rautenförmig eingekerbt.

Wichtigste Geräte für die chinesische Küche sind der Wok – vor allem für pfannengerührte Gerichte – und der Bambusdämpfer, in dem mehrere Speisen übereinander gegart werden können.

Die Original-Zutaten

Abalone
Meeresschnecke mit elfenbeinfarbenem Fleisch, das kalt oder warm schmeckt. Bei uns leider selten frisch, meist in Dosen (aus Japan; nicht gerade preiswert) zu kaufen. Den Sud mitverwenden.

Agar-Agar
Natürliches Geliermittel aus Meeresalgen. Es ist sehr hitzebeständig und muß langsam in kochendem Wasser gelöst werden. Im Bündel oder als Pulver zu kaufen; kann auch durch Gelatine ersetzt werden.

Austernsauce
Dicke, braune Sauce aus Austernextrakt, Sojasauce und Salz.

Bambussprossen
Die elfenbeinfarbenen Schößlinge des Bambus sind beliebtes

7

Gemüse in China. Bei uns in verschieden großen Dosen oder in Folie zu kaufen, mal als große Stücke, mal bereits kleingeschnitten. Reste in ein Glas umfüllen, Wasser angießen. Fest verschlossen sind sie im Kühlschrank gut 1 Woche haltbar.

Bohnenpaste

Gibt es in verschiedenen Arten. Gelbe Paste schmeckt mildsalzig. Stärker gesalzene Pasten entstehen aus weißen, roten oder schwarzen Bohnen, rote Bohnenpaste gibt es allerdings auch in einer süßen Variante, die für Desserts besonders beliebt ist. Scharfe Bohnenpaste entsteht aus Sojabohnen, Chilischoten, Salz und Zucker und ist vor allem in der Szetschuan-Küche außerordentlich beliebt.

Bohnen, schwarze

Meist zu Paste verarbeitet zu kaufen, aber auch fermentiert und in Salzlake eingelegt in Dosen oder vakuumverpackt in Folie. Den kräftigen Salzgeschmack in einem Sieb unter kaltem Wasser abbrausen.

Chiliöl

Scharf-würziges Öl, das sein Aroma von den kleinen Chilischoten bekommt. Läßt sich gut selbst herstellen: frische Schoten in Pflanzenöl mehrere Tage ziehen lassen. Das Öl dann filtern und verschlossen aufbewahren.

Chilisauce

Pikante Sauce aus Chilischoten, Essig, Salz und Pflaumen. Zum Würzen oder als Dip verwenden.

Datteln

Getrocknete chinesische Datteln sind kleiner und weniger süß als die bei uns üblichen Früchte.

Einige wichtige Zutaten: 1 Nudeln; 2 Glasnudeln; 3 Bambussprossen; 4 fermentierter Sojabohnenquark; 5 Tofu; 6 Sojasauce; 7 Mungobohnensprossen; 8 Ingwer; 9 Abalonen; 10 Wasserkastanien; 11 Datteln; 12 Lotussamen; 13 Lilienknospen; 14 Koriander; 15 Strohpilze; 16 Morcheln; 17 Tongupilze; 18 Reiswein Shaosing; 19 Austernsauce; 20 Chiliöl; 21 Sesamöl; 22 Glutamat; 23 Agar-Agar; 24 Wan-Tan; 25 Frühlingsrollen-Hüllen; 26 schwarze Bohnenpaste; 27 rote Bohnenpaste; 28 Chilisauce; 29 Fünf-Gewürz-Pulver; 30 Szetschuan Pfeffer; 31 Hoisinsauce; 32 schwarze Bohnen

Frühlingsrollen-Hüllen
Dünne, weiße Teig-Vierecke, tiefgefroren oder getrocknet. Als Ersatz hauchdünne Pfannkuchen backen.

Fünf-Gewürz-Pulver
Scharfe Mischung aus schwarzem Pfeffer, Sternanis, Fenchelsamen, Gewürznelken und Zimt.

Glutamat
Ein fast farbloses Pulver, das aus pflanzlichem Eiweiß gewonnen wird und als Geschmacksverstärker dient. Kann allergische Reaktionen hervorrufen.

Hoisinsauce
Aus roter Bohnensauce, Zucker, Knoblauch und Chili, leicht süßlich und scharf. Geöffnet ist sie mehrere Monate im Kühlschrank haltbar.

Ingwer
In Sirup eingelegt, getrocknet im Ganzen oder getrocknet und zu Pulver vermahlen zu kaufen. Frische Wurzeln sorgfältig schälen, dann hacken oder reiben. Scharf-würzig im Geschmack.

Koriandergrün (Cilantro)
Das sehr würzige Grün ist in Asien ebenso bekannt und beliebt wie bei uns Petersilie. Wird meist grob gehackt verwendet.

Lilienknospen
Auch Goldnadeln genannt. Lange, schmale Knospen, die wir getrocknet kaufen können. Sehr delikates Aroma, außerdem sollen die Knospen beruhigend wirken. Vor Gebrauch einweichen, den Sud mitverwenden.

Lotussamen
Aus dem Kelch der Lotusblüte. Sind bei uns getrocknet, in Dosen oder in Sirup eingelegt in Gläsern erhältlich. Getrocknete Samen vor der Verwendung 10 Minuten in kaltem Wasser einweichen und etwa 30 Minuten kochen.

Nudeln
Sind vom chinesischen Speisezettel nicht wegzudenken. Weit verbreitet sind Glasnudeln aus Mungobohnen- und Tapiokamehl. Sie werden zuerst einige Minuten in warmem Wasser eingeweicht und mit einer Schere zerschnitten. Beliebt sind auch spaghettiähnliche Reismehl-Nudeln.

Pilze
Getrocknete chinesische Morcheln sind schwarz und werden vor der Verwendung etwa 10 Minuten in warmem Wasser eingeweicht, gewaschen, von holzigen Stellen befreit und je nach Größe zerkleinert. **Getrocknete Tongupilze** sind dunkelbraun und ähneln ein wenig unseren Steinpilzen. Sehr aromatisch, müssen ebenfalls etwa 10 Minuten weichen. Das Wasser (anders als bei Morcheln) später für Saucen mitverwenden, die Tongupilze ausdrücken und nach Bedarf zerkleinern.
Aromatische **Strohpilze** (es sind helle Hutpilze) gibt es in Dosen.

Senfgrün oder Senfkohl
Leicht bitterer Geschmack; ab und zu frisch, meist eingelegt in Dosen erhältlich. Als Ersatz Paksoi oder Mangold nehmen.

Sojabohnen-Käse
Fermentierter (vergorener) Tofu. Rot oder weiß in Gläsern oder Dosen zu kaufen.

Sojasauce
In China unterscheidet man helle, salzige von dunkler, süßlicher Sojasauce.

Szetschuan-Pfeffer
Kapselartige Frucht in Pfefferkorngröße. Das sehr würzige Aroma wird am besten beim Anrösten erschlossen. Ersatzweise Pfeffer und Chilipulver mischen.

Tofu
Aus Sojabohnenmilch hergestelltes, quarkähnliches Produkt. Frisch oder vakuumverpackt, pur oder gewürzt zu kaufen, häufig auch in Naturkostläden.

Wan-Tan
Kleine Nudelteig-Vierecke, gefroren oder getrocknet zu kaufen. Auf Strudelteig ausweichen.

Wasserkastanien
Die Knollen einer Wasserpflanze, die bei uns nur in Dosen erhältlich sind. Ersatzweise Maronen nehmen.

Wein
Wird in China aus Reis oder Hirse hergestellt. Besonders bekannt ist Shaosing, ein würziger Reiswein. Durch trockenen Sherry zu ersetzen.

Gedämpfte Austern

zhèng-xiàn-haó

Zutaten für 4 Personen:
20 große Austern
1 daumengroßes Stück Ingwer
1 EßI. Austernsauce
5 EßI. Reiswein
weißer Pfeffer, frisch gemahlen
1 Teel. neutrales Pflanzenöl
1 Limette

Exklusiv

Pro Portion etwa:
260 kJ / 60 kcal
7 g Eiweiß · 3 g Fett
2 g Kohlenhydrate

• Zubereitungszeit: etwa 30 Minuten

1. Den Backofen auf 175° vorheizen.

2. Die Austern unter fließendem Wasser waschen, vorsichtig öffnen. Der Saft darf dabei nicht verloren gehen.

3. Die Bärte entfernen, das Fleisch von den Schalen lösen.

4. Den Ingwer schälen und fein hacken. Mit der Austernsauce, dem Reiswein und Pfeffer verrühren.

5. In jede Austernschale einige Tropfen Öl und 1/2 Teelöffel der Sauce geben. Mit den oberen Hälften wieder zudecken. Im Backofen auf der mittleren Schiene 3–5 Minuten garen.

6. Die Limette vierteln und die Austern damit anrichten. Heiß servieren.

Frühlingsrollen

chūn-jiaň

Zutaten für 10 Personen:
5 getrocknete chinesische Morcheln
20 gefrorene Frühlingsrollen-Hüllen
200 g mageres Schweinefleisch
1 EßI. dunkle Sojasauce
2 EßI. helle Sojasauce
1 Teel. Reiswein
1 Prise Fünf-Gewürz-Pulver
1 Teel. Speisestärke
100 g geschälte Tiefsee-Garnelen
Salz, Zucker, weißer Pfeffer
3 Blätter Chinakohl
50 g Bambussprossen (aus der Dose)
200 g Möhren
50 g Bohnenkeime
1 Frühlingszwiebel
10 g Glasnudeln
1 l neutrales Pflanzenöl

Braucht etwas Zeit

Pro Portion etwa:
1400 kJ / 330 kcal
10 g Eiweiß · 25 g Fett
20 g Kohlenhydrate

• Zubereitungszeit: etwa
  1 1/2 Stunden

1. Die Morcheln etwa 10 Minuten in lauwarmem Wasser einweichen. Die Frühlingsrollen-Hüllen auftauen lassen.

2. Das Schweinefleisch in feine Streifen schneiden, in je 1 Teelöffel dunkler und heller Sojasauce, dem Reiswein, dem Fünf-Gewürz-Pulver und der Speisestärke etwa 10 Minuten marinieren. Die Garnelen grob hacken, in einer Mischung aus 1 Teelöffel heller Sojasauce, etwas Salz, Zucker und Pfeffer gut 5 Minuten marinieren.

3. Die Chinakohlblätter waschen, in dünne Streifen schneiden. Die Bambussprossen und die geputzten Möhren dünn stifteln, die Bohnenkeime kurz waschen. Die Frühlingszwiebel putzen, waschen und klein würfeln. Die Glasnudeln mit heißem Wasser übergießen, abtropfen lassen und in Stücke schneiden. Die Morcheln waschen, von holzigen Stellen befreien, dünn stifteln.

4. Etwa 2 Eßlöffel Öl im Wok stark erhitzen, die Frühlingszwiebeln darin glasig werden lassen. Das Fleisch unter Rühren 1/2 Minute mitbraten. Alle übrigen Zutaten einrühren, etwa 5 Minuten braten. Abschmekken, abkühlen lassen.

5. Je 2 Eßlöffel Füllung auf die Frühlingsrollen-Hüllen geben. Die Seiten der Hüllen darüber legen, dann die Hüllen aufrollen. Die Ränder mit Wasser bestreichen und gut festdrücken.

6. Das Öl im Wok erhitzen, die Frühlingsrollen portionsweise darin goldbraun fritieren. Auf Küchenpapier abtropfen lassen.

Im Bild oben: Gedämpfte Austern
Im Bild unten: Frühlingsrollen

Fritierte Milch

zhá-yié-giú

Zutaten für 4 Personen:

50 g feste Kokosnußcreme (am Stück)

6 Eßl. Speisestärke

300 ccm Milch

Salz

weißer Pfeffer, frisch gemahlen

70 g Mehl

1 Teel. Backpulver

1 l neutrales Pflanzenöl

Raffiniert

Pro Portion etwa:
980 kJ / 230 kcal
5 g Eiweiß · 13 g Fett
24 g Kohlenhydrate

• Zubereitungszeit: etwa 3 Stunden
(davon etwa 2 Stunden Ruhezeit)

1. Die Kokosnußcreme in eine Schüssel raspeln, mit je 3 Eßlöffeln Speisestärke und Milch, etwas Salz und Pfeffer zu einer glatten Paste verarbeiten.

2. Den Wok erhitzen, die Paste darin bei mittlerer Hitze erwärmen. Unter Rühren nach und nach die übrige Milch angießen. So lange unter Rühren bei mittlerer Hitze kochen, bis die Mischung dick wird. Vom Herd nehmen.

3. Eine viereckige Kuchenform oder Schüssel mit etwas Öl ausstreichen, die Kokosmischung hineingeben. Im Kühlschrank 2 Stunden (oder über Nacht) erstarren lassen.

4. Das Mehl, die übrige Speisestärke und das Backpulver in eine Schüssel sieben. Mit 1/8 l

Wasser zum glatten Teig verrühren. Etwa 20 Minuten bei Zimmertemperatur ruhen lassen.

5. Die erstarrte Kokosmilch mit einem eingeölten Löffel aus der Form lösen und in 16 gleiche Stücke teilen.

6. Etwa 1 Eßlöffel Öl unter den Teig rühren. Das übrige Öl im Wok erhitzen. Die Kokosmilch-Stücke einzeln in den Teig tauchen, abtropfen lassen und im heißen Fett goldgelb fritieren. Auf Küchenpapier gut abtropfen lassen. Mit Sojasauce sofort servieren.

Shanghai-Salat

sháng-haí-shā-lā

Zutaten für 4 Personen:

1 Salatgurke (etwa 400 g)

120 g Möhre

200 g Staudensellerie

20 g Glasnudeln

100 g roher Schinken in dünnen Scheiben

2 Eier (getrennt)

1 Eßl. neutrales Pflanzenöl

100 g geschälte Garnelen (Nordseekrabben)

Für die Sauce:

2 Eßl. Reisweinessig oder Obstessig

1 Eßl. Zitronensaft

3 Eßl. helle Sojasauce

1 Eßl. Zucker

1 Teel. scharfer Senf

1 Teel. Sesamöl

1 Teel. eingelegter grüner Pfeffer

Gelingt leicht

Pro Portion etwa:
1100 kJ / 260 kcal
17 g Eiweiß · 16 g Fett
14 g Kohlenhydrate

• Zubereitungszeit: etwa 45 Minuten

1. Die Gurke waschen, längs halbieren, die Kerne mit einem Löffel herausschaben. Das Fruchtfleisch in lange, dünne Streifen schneiden. Die Möhre und den Sellerie putzen, ebenfalls in Streifen schneiden.

2. Die Glasnudeln mit kochendem Wasser übergießen, 3 Minuten quellen lassen. Kalt abschrecken, gut abtropfen lassen und in kurze Stücke schneiden. Den Schinken in dünne Streifen schneiden.

3. Alle vorbereiteten Zutaten auf einer Platte anrichten. Die Zutaten für die Sauce verquirlen und darüber träufeln.

4. Eigelb und Eiweiß getrennt verquirlen. Das Öl in einer Pfanne erhitzen, aus Eigelb und Eiweiß je einen »Eierkuchen« backen. In Streifen schneiden, mit den Garnelen auf den Salat streuen.

Bild oben: Fritierte Milch
Bild unten: Shanghai-Salat

Süß-saure Sauce

táng-cú-jiang

Zutaten für 4 Personen:
1 walnußgroßes Stück Ingwer
1 Knoblauchzehe
200 ccm Ananassaft
2 Eßl. Tomatenmark
1 Eßl. Tomatenketchup
2 Eßl. Weißweinessig
1 Eßl. Zitronensaft
3 Eßl. Zucker
2 Eßl. dunkle Sojasauce
1 Eßl. neutrales Pflanzenöl
1 Eßl. Speisestärke
Chilisauce, Reiswein

Pro Portion etwa:
520 kJ / 120 kcal
1 g Eiweiß · 2 g Fett
24 g Kohlenhydrate

● Zubereitungszeit: etwa 15 Minuten

1. Den Ingwer und den Knoblauch schälen und fein hacken. Die übrigen Zutaten bis auf Öl, Speisestärke, Chilisauce und Reiswein verquirlen.

2. Das Öl in einem kleinen Topf erhitzen, den Ingwer und den Knoblauch darin glasig werden lassen. Die angerührte Sauce angießen, aufkochen. Die Speisestärke mit wenig Wasser glattrühren, die Sauce damit binden. Mit Chilisauce und Reiswein abschmecken.

Variationen:
Statt Tomatenmark und Ketchup etwa 3 Eßlöffel Pflaumenmus oder das pürierte Fleisch einer Mango oder von 6 Lychees verwenden.

Eine kalte Variante:
Etwas Ingwer fein reiben, mit 5 Knoblauchzehen zur Paste zerdrücken, mit 1 Tasse Aprikosenkonfitüre verrühren. 5 Eßlöffel Essig, 1 Eßlöffel Zitronensaft und je 1 Teelöffel Curry und Sojasauce unterrühren.

Bohnensauce mit Reiswein

jiŭ-niáng

Die Bohnensauce schmeckt gut zu Geflügel und gedämpften Meerestieren. Als schnelle Variante gekaufte Hoisinsauce mit Reiswein vermischen.

Zutaten für 4 Personen:
5 Eßl. schwarze Bohnenpaste
200 ccm Fleischbrühe
2 Eßl. helle Sojasauce
5 Eßl. Reiswein
1 Eßl. neutrales Pflanzenöl
3 Knoblauchzehen
1 Eßl. Speisestärke
Salz
Zucker
Chilisauce
1/2 Teel. Sesamöl

Pro Portion etwa:
190 kJ / 45 kcal
2 g Eiweiß · 2 g Fett
5 g Kohlenhydrate

● Zubereitungszeit: etwa 10 Minuten

1. Die Bohnenpaste mit der Brühe, der Sojasauce und dem Reiswein verrühren.

2. Das Öl in einem kleinen Topf erhitzen. Den Knoblauch schälen, dazu pressen und kurz anbraten. Die Saucenmischung einrühren und aufkochen lassen. Die Speisestärke mit etwas Wasser verquirlen, die Sauce damit binden. Mit den übrigen Zutaten abschmecken.

Erdnuß-Dip

huā-sheng-jiàng

Der Dip paßt gut zu gegrilltem Fleisch oder Geflügel, zu Gemüsegerichten oder Fondue.

Zutaten für 4 Personen:
6 Eßl. Erdnußcreme
2 Eßl. Reiswein
3 Eßl. Speisequark
1 Eßl. helle Sojasauce
5 Körner Szetschuan-Pfeffer
(zerstoßen)
einige Tropfen Chiliöl
2 Eßl. Schnittlauchröllchen

Pro Portion etwa:
860 kJ / 200 kcal
10 g Eiweiß · 15 g Fett
7 g Kohlenhydrate

● Zubereitungszeit: etwa 10 Minuten

1. Alle Zutaten gründlich miteinander verrühren.

2. Abschmecken und mit den Schnittlauchröllchen bestreuen.

Im Bild oben: Süß-saure Sauce
Im Bild Mitte: Erdnuß-Dip
Im Bild unten: Bohnensauce mit Reiswein

Gebratener Meeresfrüchte-Reis

haĩ-xiañ-chaŏ-fañ

Zutaten für 4 Personen:
2 Frühlingszwiebeln
1 daumengroßes Stück Ingwer
200 g tiefgefrorene Erbsen
3 Eßl. neutrales Pflanzenöl
4 Eier
Salz
250 g Garnelenfleisch
250 g Krebsfleisch (aus der Dose)
1 Teel. Zucker
750 g körnig gekochter Langkornreis
(250 g roher Reis)
3 Eßl. helle Sojasauce
Pfeffer, frisch gemahlen

Schnell

Pro Portion etwa:
2100 kJ / 500 kcal
40 g Eiweiß · 16 g Fett
58 g Kohlenhydrate

• Zubereitungszeit: etwa 25 Minuten

1. Die Frühlingszwiebeln putzen, waschen, in feine Ringe schneiden, den Ingwer schälen und hacken. Die Erbsen kurz blanchieren, abtropfen lassen.

2. Das Öl in einer großen Pfanne erhitzen, die weißen Zwiebelringe und den Ingwer darin glasig braten. Die Eier verschlagen, salzen und in die Pfanne gießen. Stocken lassen, mit Stäbchen zerpflücken.

3. Die Garnelen und das Krebsfleisch mit den Erbsen in die Pfanne geben. Mit Zucker würzen, etwa 1 Minute anbraten.

4. Den Reis auflockern, dazugeben und unter Rühren körnig braten. Mit Zucker, Sojasauce, Pfeffer und Salz abschmecken. Mit dem Zwiebelgrün bestreuen.

Gebratener Gemüse-Reis

qiñ-cāi-chaŏ-fān

Zutaten für 4 Personen:
5 getrocknete Tongupilze
10 getrocknete chinesische Morcheln
1 Lauchstange
2 Stangen Sellerie
10 grüne Bohnen
2 Möhren
50 g Bambussprossen (aus der Dose)
50 g Erbsen (tiefgefroren)
50 g Bohnenkeime
10 Strohpilze (aus der Dose)
3 Eßl. neutrales Pflanzenöl
125 g Tofu
1 Eßl. gehackter Ingwer
3 Eßl. helle Sojasauce
Salz
Zucker
750 g körnig gekochter Reis
(etwa 250 g roher Reis)
Pfeffer, frisch gemahlen
1 Eßl. gehackte Frühlingszwiebel

Vegetarisch

Pro Portion etwa:
1600 kJ / 380 kcal
15 g Eiweiß · 10 g Fett
60 g Kohlenhydrate

• Zubereitungszeit: etwa 45 Minuten

1. Die getrockneten Pilze waschen und getrennt in jeweils 1 Tasse Wasser etwa 10 Minuten einweichen. Den Lauch und den Sellerie (samt den grünen Blättern), die Bohnen und die Möhren putzen, waschen und kleinschneiden. Die Bambussprossen würfeln. Die Erbsen und die Bohnen kurz blanchieren, abtropfen lassen. Die Bohnenkeime waschen.

2. Die Tongupilze entstielen. Die Morcheln von holzigen Stellen befreien. Die Strohpilze abtropfen lassen. Alle Pilze klein würfeln.

3. Das Öl im Wok erhitzen. Den Tofu würfeln, kurz anbraten. Den Lauch und den Sellerie untermischen, glasig braten. Das übrige vorbereitete Gemüse einrühren, mit Ingwer, 2 Eßlöffeln Sojasauce, etwas Salz und Zucker würzen, unter Rühren etwa 2 Minuten braten. Den Reis dazugeben, etwa 2 Minuten mitbraten, abschmecken. Die Frühlingszwiebeln aufstreuen.

Bild oben:
Gebratener Meeresfrüchte-Reis
Bild unten:
Gebratener Gemüse-Reis

Gedämpfter Reis mit Huhn

jí-ròu-zhēng-tàn

Zutaten für 4 Personen:

500 g Hühnerklein

1 walnußgroßes Stück Ingwer

1 Zwiebel

Salz

10 getrocknete Tongupilze

2 Hühnerbrustfilets

1 Eßl. helle Sojasauce

Zucker

Pfeffer, frisch gemahlen

Glutamat

2 Eßl. neutrales Pflanzenöl

350 g Langkornreis

1 Frühlingszwiebel oder

1/2 Bund Schnittlauch

Preiswert

Pro Portion etwa:
1800 kJ / 430 kcal
23 g Eiweiß · 8 g Fett
74 g Kohlenhydrate

- Zubereitungszeit: etwa
  1 3/4 Stunden

1. Das Hühnerklein waschen und in einen Suppentopf geben. Etwa 1 1/2 l Wasser angießen. Den Ingwer schälen, die Hälfte davon fein reiben, den Rest in Scheiben schneiden. Die Zwiebel schälen und zerteilen, mit den Ingwerscheiben und etwas Salz in den Topf geben. Zum Kochen bringen, bei mittlerer Hitze zugedeckt etwa 20 Minuten leise köcheln lassen.

2. Die Tongupilze unter fließendem Wasser waschen, in 1/2 Tasse warmem Wasser einweichen. Die Hühnerbrustfilets abtupfen, in dünne Streifen schneiden, mit der Sojasauce, etwas Salz, Zucker, Pfeffer und Glutamat würzen.

3. Die eingeweichten Pilze abtropfen lassen, das Wasser in den Suppentopf gießen. Die Pilze in Streifen schneiden.

4. Das Öl in einem Topf erhitzen, den geriebenen Ingwer hineingeben und glasig braten. Den Reis einstreuen, bei schwacher Hitze unter Rühren etwa 1 Minute anbraten, vom Herd nehmen.

5. Die Hühnerbrühe durch ein Sieb abgießen. Etwa 1,2 l Brühe zum Reis gießen. Leicht kochen lassen, bis der Reis das Wasser aufgenommen hat. Den Reis dann in eine hitzebeständige Schüssel umfüllen.

6. Das Hühnerfleisch und die Pilze zum Reis geben, noch etwa 200 ml Brühe darüber gießen. Die Schüssel in den

Dämpfkorb stellen, alles noch etwa 20 Minuten garen.

7. Währenddessen die Frühlingszwiebel putzen, waschen und klein hacken. Über den fertigen Reis streuen.

Tip!

Das Hühnerfleisch und die Tongupilze kann man mit einem Eßlöffel Austernsauce würzen und vor dem Vermischen mit dem Reis 2 Minuten in einer heißen Pfanne anbraten. Die Dämpfzeit dann etwas verkürzen.

Dämpfen ist eine der beliebtesten Garmethoden in China, denn die Zutaten behalten wunderbar ihr eigenes Aroma. Hier wird Reis mit Pilzen und zartem Hühnerfleisch gemischt und über würziger Hühnerbrühe gegart.

Gebackene Teigtaschen

zhá-jiaō-zi

Die Teigtaschen sind das Nationalgericht des Nordens. Mal werden sie dort gekocht, mal gedämpft, gebraten oder fritiert. Die Füllungen variieren: statt getrockneter Shrimps verwenden Chinesinnen auch Pilze, verschiedene Gemüse oder frische Shrimps. Für besondere Anlässe verstecken sich dreierlei Füllungen in den Teigtaschen.

Zutaten für 6 Personen:
Für den Teig:
300 g Weizenmehl
1/2 Teel. Salz
1 Ei
1/4 Teel. Sesamöl
Mehl zum Ausrollen
Für die Füllung:
50 g getrocknete Shrimps
1 1/2 Eßl. Reiswein
2 Frühlingszwiebeln
1 Bund Koriandergrün
250 g Chinakohl
Salz
200 g Schweine-Hackfleisch
Pfeffer, frisch gemahlen
6 Eßl. neutrales Pflanzenöl
2 Teel. Speisestärke

Braucht etwas Zeit

Pro Portion etwa:
2200 kJ / 520 kcal
25 g Eiweiß · 23 g Fett
55 g Kohlenhydrate

• Zubereitungszeit: etwa 2 Stunden

1. Für den Teig das Mehl in eine große Schüssel sieben. Mit Salz, dem Ei, 5 Eßlöffeln Wasser und dem Sesamöl zu einem geschmeidigen Teig verarbeiten. So lange kneten, bis sich der Teig elastisch auseinanderziehen läßt. In ein feuchtes Tuch hüllen, etwa 30 Minuten bei Zimmertemperatur ruhen lassen.

2. Inzwischen für die Füllung die getrockneten Shrimps in einem Sieb unter fließendem Wasser kurz abspülen. In 1 Tasse heißem Wasser einige Minuten einweichen. Die Shrimps abtropfen lassen (Wasser aufbewahren), kleinhacken und mit 1 Eßlöffel Reiswein vermischen.

3. Die Frühlingszwiebeln putzen, waschen und in feine Ringe schneiden. Das Koriandergrün (ohne die Wurzel) kurz waschen, abtrocknen und kleinhacken. Den Chinakohl waschen, den Strunk entfernen. Den Kohl längs in Streifen schneiden, die Streifen quer zerkleinern. Mit Salz bestreut etwa 15 Minuten ruhen lassen.

4. Das Hackfleisch mit Salz, Pfeffer, dem übrigen Reiswein, 2 Teelöffeln Pflanzenöl, der Speisestärke und 2 Eßlöffeln von dem Einweichwasser der Shrimps vermischen. Die Shrimps, die Zwiebelringe und das Koriandergrün darunterheben. Den Chinakohl ausdrücken und untermischen. Kalt stellen.

5. Den Teig in 4 Portionen teilen. Jede Portion auf der Arbeitsfläche zu einer 2–3 cm dicken Rolle formen und mit dem Messer in 10 kleine Stücke schneiden. Mit einem feuchten Tuch bedecken.

Tip!

Tiefgefrorene Wan-Tan-Hüllen verwenden. Oder einen einfacheren Nudelteig zubereiten: 300 g Mehl mit etwa 175 ccm Wasser glatt verkneten. Wie oben beschrieben verwenden.

6. Immer nur eine Teigportion unter dem Tuch hervorholen. Jedes Stück mit den Händen zur Kugel formen, auf der bemehlten Arbeitsfläche flach ausrollen. Etwas Füllung in die Mitte geben, den Fladen zusammenfalten, die Ränder dabei zusammendrücken, die beiden Ecken etwas hochziehen. Auf ein bemehltes Brett legen.

7. Das restliche Öl im Wok erhitzen. Die Teigtaschen darin etwa 2 Minuten braten. 2–3 Eßlöffel Wasser hineingießen, etwa 5 Minuten bei milder Hitze zugedeckt dünsten.

8. Die Hitze erhöhen, offen weiter garen, bis die Teigtaschen auf ihrer Unterseite goldbraun sind. Auf eine Platte heben, heiß mit Sojasauce servieren.

Gefüllte Nudeln

sí-chuān-jiaŏ-zi

Zutaten für 4 Personen:
350 g Mehl
400 g Hühnerbrustfilet
1 Eiweiß
1 EßI. Speisestärke
2 EßI. eingelegter grüner Pfeffer
(zerdrückt)
1/4 Teel. Fünf-Gewürz-Pulver, Salz
2 Knoblauchzehen
2 Frühlingszwiebeln
1 Gewürzgurke
6 EßI. neutrales Pflanzenöl
6 EßI. helle Sojasauce
1 EßI. Essig
1 Teel. Chilisauce

Pro Portion etwa:
2100 kJ / 500 kcal
33 g Eiweiß · 13 g Fett
60 g Kohlenhydrate

• Zubereitungszeit: etwa 2 Stunden

1. 300 g Mehl mit 175 ccm Wasser glatt verkneten, mit einem feuchten Tuch umhüllt 30 Minuten ruhen lassen.

2. Das Hühnerfleisch sehr klein würfeln. Mit dem Eiweiß, der Stärke und den Gewürzen vermischen.

3. Den Teig halbieren, zu 2–3 cm dicken Rollen formen. In je 15 Stücke schneiden, mit einem feuchten Tuch abdecken. Jedes Stück auf der bemehlten Arbeitsfläche zum dünnen Kreis ausrollen, etwas Füllung darauf setzen, zusammenklappen. Die Ränder befeuchten, festdrücken und an den Seiten etwas hochziehen.

4. Reichlich Salzwasser aufkochen, die Teigtaschen darin etwa 3 Minuten garen. Abtropfen lassen.

5. Den Knoblauch schälen und durchpressen. Die Frühlingszwiebeln putzen, waschen und in feine Ringe schneiden, die Gewürzgurke klein würfeln. Alles im erhitzten Öl im Wok anbraten. Die Sojasauce, den Essig, die Chilisauce und etwas Wasser einrühren, einmal aufkochen. Über die Teigtaschen träufeln.

Nudeln mit Gemüse

qiñ-caì-chaŏ-miàn

Zutaten für 4 Personen:
10 getrocknete chinesische Morcheln
5 getrocknete Tongupilze
1 Frühlingszwiebel
2 Knoblauchzehen
1 kleines Stück Ingwer
1 Möhre
150 g Chinakohl
5 Strohpilze (aus der Dose)
Salz
300 g chinesische Eiernudeln
3 EßI. neutrales Pflanzenöl
50 g Bambussprossen (aus der Dose)
2 EßI. Reiswein
3 EßI. dunkle Sojasauce
1 EßI. Miso
50 g frische Bohnenkeime
1 EßI. Speisestärke

Pro Portion etwa:
1900 kJ / 450 kcal
19 g Eiweiß · 11 g Fett
64 g Kohlenhydrate

• Zubereitungszeit: etwa 45 Minuten

1. Die Morcheln und die Tongupilze getrennt in je 1 Tasse warmem Wasser etwa 10 Minuten einweichen.

2. Die Frühlingszwiebel putzen, waschen, kleinschneiden, den Knoblauch und den Ingwer schälen und hacken. Die Möhre schälen, waschen, fein stifteln. Den Chinakohl waschen, putzen und in Streifen schneiden.

3. Die Morcheln waschen, von holzigen Stellen befreien, in Stücke schneiden. Die Tongupilze ausdrücken (das Einweichwasser aufbewahren), entstielen und in Streifen schneiden. Die Strohpilze halbieren.

4. Reichlich Salzwasser aufkochen, die Nudeln darin etwa 2 Minuten garen. Gleichzeitig das Öl im Wok erhitzen, leicht salzen. Die Frühlingszwiebel, den Knoblauch und den Ingwer darin glasig werden lassen.

5. Die Pilze, die Möhre und die Bambussprossen etwa 2 Minuten mitbraten. Mit dem Reiswein, der Sojasauce und dem Miso würzen. Die Bohnenkeime und den Chinakohl hinzufügen, 1 Minute mitbraten. Das Einweichwasser der Tongupilze mit Speisestärke verquirlen, angießen. Aufkochen, abschmecken und zu den Nudeln servieren.

Im Bild hinten: Gefüllte Nudeln
Im Bild vorne: Nudeln mit Gemüse

Schweine-rippchen nach alter Tradition

laŏ-shī-zhú-pai

Zutaten für 4 Personen:
1,5 –2 kg Schweinerippchen
(Spareribs)
1 Teel. Salz
4 Eßl. Zucker
4 Eßl. schwarze Bohnenpaste
2 Teel. rote Bohnenpaste
4 Eßl. helle Sojasauce
1 Eßl. Sesamöl
2 Teel. Fünf-Gewürz-Pulver
1 Teel. Pfeffer
5 Eßl. neutrales Pflanzenöl

Preiswert

Pro Portion etwa:
5200 kJ / 1200 kcal
96 g Eiweiß · 84 g Fett
24 g Kohlenhydrate

• Zubereitungszeit: etwa
  50 Minuten

1. Die Rippchen entlang der Knochen in einzelne Rippen schneiden oder bereits vom Metzger zerhacken lassen. Mit dem Salz und 2 Eßlöffeln Zucker einreiben.

2. Die Bohnenpasten mit den übrigen Zutaten zu einer Marinade verrühren. Die Rippchen darin wenden und etwa 20 Minuten ziehen lassen.

3. Den Backofen auf 200° vorheizen.

4. Die Rippchen auf den Rost legen, für etwa 10 Minuten in den Ofen (Mitte) schieben.

Wenden, mit der Marinade bepinseln, weitere 10 Minuten braten. Wieder wenden und einpinseln, erneut etwa 10 Minuten braten. Mit einem Gurken- oder Selleriesalat servieren.

Gebratenes Schweine-fleisch

sŭn-sì-zhú-roù

Zutaten für 4 Personen:
3 Eßl. helle Sojasauce
2 Eßl. Reiswein
4 Teel. Speisestärke
Salz
Pfeffer, frisch gemahlen
1 Eßl. Sesamöl
400 g Schweinefleisch (Nuß)
12 getrocknete chinesische Morcheln
1 Zwiebel
1 haselnußgroßes Stück Ingwer
100 g Cashewkerne, ungesalzen
3 Eßl. neutrales Pflanzenöl
200 g Bambussprossen
in Scheiben (aus der Dose)
50 g frische Bohnenkeime

Gelingt leicht

Pro Portion etwa:
2200 kJ / 520 kcal
32 g Eiweiß · 33 g Fett
23 g Kohlenhydrate

• Zubereitungszeit: etwa
  45 Minuten

1. 2 Eßlöffel Sojasauce mit dem Reiswein, 1 Eßlöffel Speisestärke, Salz, Pfeffer und 1/2 Eßlöffel Sesamöl verrühren. Das Schweinefleisch in 2 mm dünne Scheiben, die Scheiben in 4 cm gro-

ße Quadrate schneiden. In der Marinade etwa 15 Minuten ziehen lassen.

2. Die Morcheln etwa 10 Minuten in warmem Wasser einweichen. Anschließend waschen, von holzigen Stellen befreien und kleinschneiden. Die Zwiebel schälen und in dünne Ringe schneiden. Den Ingwer schälen und fein hacken.

3. Die Cashewkerne im Wok goldgelb rösten, herausnehmen. Das Pflanzenöl und das restliche Sesamöl im Wok erhitzen, die Zwiebelringe und den Ingwer darin glasig braten.

4. Das Fleisch unter Rühren etwa 5 Minuten braten, herausnehmen. Die Cashewkerne, die Bambussprossen, die Bohnenkeime und die Morcheln im Wok unter Rühren etwa 3 Minuten braten. Mit Sojasauce, Salz und Pfeffer abschmecken. Das Fleisch untermischen.

5. Die übrige Speisestärke mit etwas Wasser verquirlen, in den Wok gießen, bei starker Hitze unter Rühren etwa 1 Minute durchkochen. Heiß servieren.

Bild oben: Gebratenes Schweinefleisch
Bild unten: Schweinerippchen nach alter Tradition

Schweinefilet nach Kanton-Art

guăng-doňg-chá-sháo-roù

Zutaten für 6 Personen:
1 kg Schweinefilet
2 Knoblauchzehen
1 daumengroßes Stück Ingwer
3 EßI. helle Sojasauce
1 EßI. Hoisinsauce
1 Teel. Salz
1 EßI. Zucker
1/2 Teel. Fünf-Gewürz-Pulver
4 EßI. Reiswein
1 Teel. Sesamöl
einige Tropfen rote Lebensmittelfarbe
2 Teel. Honig

Etwas teurer

Pro Portion etwa:
1400 kJ / 330 kcal
32 g Eiweiß · 21 g Fett
5 g Kohlenhydrate

• Zubereitungszeit: etwa 40 Minuten
• Marinierzeit: 4 – 12 Stunden

1. Die Filets quer halbieren. Den Knoblauch und den Ingwer schälen, klein hacken und mit den übrigen Zutaten (außer dem Honig) zu einer Marinade vermischen. Das Fleisch darin mindestens 4 Stunden im Kühlschrank ziehen lassen. Zwischendurch oft wenden.

2. Den Backofen auf 175° vorheizen.

3. Das Fleisch auf den Ofenrost legen, auf der mittleren Schiene in den Ofen schieben. Die Fettpfanne mit Wasser füllen und darunter einschieben.

4. Das Fleisch etwa 20 Minuten braten, dabei immer wieder mit Marinade einpinseln. Wenden, erneut mit Marinade einstreichen und weitere 10 Minuten braten, bis das Fleisch braunrot ist. Herausnehmen, sofort rundherum mit dem Honig einpinseln. In Scheiben schneiden, heiß oder kalt servieren.

Rindfleisch mit Broccoli in Austernsauce

haó-yóu-niú-roù

Zutaten für 4 Personen:
500 g Rinderfilet
1 Zwiebel
1 Knoblauchzehe
1 daumengroßes Stück Ingwer
3 EßI. Austernsauce
1 EßI. helle Sojasauce
Salz, Pfeffer, frisch gemahlen
3 Teel. Speisestärke
1 Teel. Sesamöl
500 g Broccoli
3 EßI. neutrales Pflanzenöl

Für Gäste

Pro Portion etwa:
1100 kJ / 260 kcal
29 g Eiweiß · 13 g Fett
8 g Kohlenhydrate

• Zubereitungszeit: etwa 45 Minuten

1. Das Rindfleisch in 1 mm dünne Scheiben, diese in 2 mal 3 cm große Stücke schneiden.

2. Die Zwiebel, den Knoblauch und den Ingwer schälen und fein hacken, jeweils zur Hälfte mit der Hälfte der Austern- und der Sojasauce, Salz, Pfeffer, 1 Teelöffel Speisestärke und dem Sesamöl verrühren. Das Fleisch in dieser Marinade etwa 20 Minuten ziehen lassen.

3. Den Broccoli waschen, putzen und in kleine Röschen zerteilen. Die Stiele abziehen und in dünne Scheiben oder feine Stifte schneiden. In 150 ccm kochendem Salzwasser 3 Minuten blanchieren, gut abtropfen lassen, dabei den Sud auffangen und mit der restlichen Austern- und Sojasauce verrühren.

4. Das Pflanzenöl im Wok erhitzen. Den Rest der Zwiebel-Mischung darin glasig werden lassen. Das Fleisch dazugeben und unter Rühren und Wenden 2 Minuten bei starker Hitze anbraten. Herausnehmen.

5. Den Broccoli bei mittlerer Hitze im Wok in der Fleischsauce kurz braten. Die restliche Speisestärke mit dem Broccolisud verrühren, in den Wok gießen. Kurz sämig kochen. Das Fleisch wieder untermischen. Mit den übrigen Zutaten abschmecken.

Im Bild hinten: Schweinefilet nach Kanton-Art
Im Bild vorne: Rindfleisch mit Broccoli in Austernsauce

Rindfleisch in Papier

haó-zhǐ-bāo-niú-roù

Zutaten für 4 Personen:
1 daumengroßes Stück Ingwer
2 Eßl. helle Sojasauce
etwas Salz
Pfeffer, frisch gemahlen
1 Teel. Sesamöl
2 Eßl. Reiswein
4 Scheiben Rinderlende
(je etwa 150 g)
2 Frühlingszwiebeln
250 g Bambussprossen
in Scheiben (aus der Dose)
1/8 l neutrales Pflanzenöl
1 Eßl. schwarze Bohnenpaste
oder Hoisinsauce
etwas Zucker
4 Stück Pergamentpapier
etwas Öl für das Papier

Raffiniert

Pro Portion etwa:
1300 kJ / 310 kcal
32 g Eiweiß · 20 g Fett
6 g Kohlenhydrate

• Zubereitungszeit: etwa
  45 Minuten

1. Den Ingwer schälen und fein reiben oder hacken, mit der Sojasauce, Salz, Pfeffer, dem Sesamöl und 1 Eßlöffel Reiswein verrühren. Das Fleisch darin wenden und 20 Minuten marinieren.

2. Die Frühlingszwiebeln putzen und waschen. In 5 cm lange Stücke teilen, die Stücke dann längs in Streifen schneiden. Die Bambussprossen abtropfen lassen.

3. Die Papierstücke auf der Arbeitsfläche ausbreiten und leicht einölen. Jeweils eine Fleischscheibe und einige Zwiebelstreifen darauf legen. Das Papier wie einen Briefumschlag zusammenfalten. Das Öl im Wok erhitzen, die Päckchen darin von jeder Seite etwa 5 Minuten braten. Auf eine vorgewärmte Platte legen.

4. Das Öl bis auf 3 Eßlöffel aus dem Wok abgießen. Den Wok wieder erhitzen, die restlichen Zwiebelstreifen und die Bohnenpaste hineingeben. Mit Zucker würzen, unter Rühren anbraten. Die Bambussprossen untermischen, etwa 3 Minuten mitbraten. Den übrigen Reiswein darüber träufeln. Um die Fleischpäckchen herum verteilen.

Peperoni-Rindfleisch

lā-shāo-niú-roù

Zutaten für 6 Personen:
800 g Rinderlende
2 EßL. Speisestärke
1 1/4 Teel. Zucker
3 EßL. helle Sojasauce
Salz
Pfeffer, frisch gemahlen
Glutamat
1 Teel. Sesamöl
4 EßL. neutrales Pflanzenöl
3 EßL. Reiswein
200 g grüne Peperoni
2 kleine rote Chilischoten
4 Knoblauchzehen
4 Frühlingszwiebeln
3 EßL. schwarze Bohnenpaste

Gelingt leicht

Pro Portion etwa:
1200 kJ / 190 kcal
29 g Eiweiß · 11 g Fett
15 g Kohlenhydrate

• Zubereitungszeit: etwa
45 Minuten

1. Das Fleisch in 1 mm dünne Scheiben, diese in 2 x 3 cm große Stücke schneiden. 1 Eßlöffel Speisestärke, 1/4 Teelöffel Zucker, die Sojasauce, Salz, Pfeffer, Glutamat, das Sesamöl, 2 Teelöffel Pflanzenöl, 2 Eßlöffel Wasser und 2 Teelöffel Reiswein verrühren. Das Fleisch darin wenden und etwa 20 Minuten marinieren.

2. Die Peperoni und die Chilischoten putzen, entkernen, waschen und winzig würfeln. Den Knoblauch schälen und hacken. Die Frühlingszwiebeln putzen, waschen, weiße und grüne Teile getrennt in jeweils 3 cm lange Stücke schneiden. Die Bohnenpaste mit dem restlichen Zucker und etwas Öl vermischen.

3. Das restliche Pflanzenöl im Wok erhitzen. Den Knoblauch und die weißen Zwiebelteile darin glasig werden lassen. Die Bohnenpaste und die roten Chiliwürfel kurz mit anbraten. Das Fleisch hinzufügen und unter schnellem Rühren und Wenden etwa 2 Minuten braten. Herausheben.

4. Die Hitze reduzieren. Den übrigen Reiswein in die brodelnde Sauce gießen, die restliche Speisestärke mit etwas Wasser verquirlen, dazugießen. Die Hitze wieder erhöhen, die Sauce einmal kräftig aufkochen. Die Peperoniwürfelchen und die grünen Zwiebelteile untermischen. Zum Schluß das Fleisch wieder unterrühren.

Gedämpftes Huhn

zheñg-jì

Zutaten für 4 Personen:
1 daumengroßes Stück Ingwer
2 Knoblauchzehen
Salz, Pfeffer, frisch gemahlen
400 g Hühnerbrustfilet
4 Teel. Reiswein
1 Frühlingszwiebel
1 rote Paprikaschote
100 g Zuckerschoten
200 g Broccoli
50 g Bambussprossen (aus der Dose)
100 g Strohpilze (aus der Dose)
2 Eßl. neutrales Pflanzenöl
3 Eßl. helle Sojasauce
2 Teel. Speisestärke

Pro Portion etwa:
930 kJ / 220 kcal
29 g Eiweiß · 7 g Fett
12 g Kohlenhydrate

• Zubereitungszeit: etwa 1 Stunde

1. Den Ingwer und die Knoblauchzehen schälen und fein hacken, mit etwas Salz und Pfeffer vermischen. Das Hühnerfleisch in dünne Scheiben schneiden, damit einreiben. In eine tiefe, hitzebeständige Schüssel schichten. Mit 1 Teelöffel Reiswein beträufeln, etwa 20 Minuten im Wok oder im Dampftopf dämpfen.

2. Alles Gemüse putzen und waschen. Die Frühlingszwiebel und die Paprikaschote kleinschneiden, die Zuckerschoten entfädeln, den Broccoli in kleine Röschen zerteilen. Die Bambussprossen und die Strohpilze kleinschneiden.

3. Das Öl im Wok erhitzen. Die Zwiebel darin glasig werden lassen. Alles Gemüse hineingeben, unter Rühren etwa 2 Minuten braten. Etwas Wasser angießen. Mit Salz, der Sojasauce und dem übrigen Reiswein würzen, etwa 3 Minuten garen. Die Speisestärke mit etwas Wasser glattrühren, die Sauce im Wok damit binden. Das Hühnerfleisch auf eine tiefe Platte geben, die Gemüsesauce darüber verteilen.

Gebratenes Huhn

yaó-guŏ-jì

Zutaten für 4 Personen:
5 getrocknete chinesische Morcheln
500 g Hühnerbrustfilet
Salz
2 Teel. helle Sojasauce
2 Eßl. Reiswein
3 Frühlingszwiebeln
1 daumengroßes Stück Ingwer
1 rote Chilischote
10 Strohpilze (aus der Dose)
1 rote Paprikaschote
150 g tiefgefrorene Erbsen
1/2 l neutrales Pflanzenöl
1 Eiweiß
3 Eßl. Speisestärke
50 g Cashewkerne, ungesalzen
Pfeffer, frisch gemahlen
2 Teel. Austernsauce

Pro Portion etwa:
1700 kJ / 400 kcal
34 g Eiweiß · 22 g Fett
20 g Kohlenhydrate

• Zubereitungszeit: etwa 1 Stunde

1. Die Morcheln etwa 10 Minuten in warmem Wasser einweichen. Das Hühnerfleisch klein würfeln, mit Salz, der Sojasauce und dem Reiswein etwa 15 Minuten marinieren.

2. Die Frühlingszwiebeln putzen, waschen und in kleine Stücke schneiden. Den Ingwer schälen, die Chilischote waschen und putzen, beides sehr fein hacken. Die Strohpilze halbieren. Die Paprikaschote putzen, waschen und klein würfeln. Die Erbsen kurz blanchieren, abtropfen lassen. Die Morcheln abtropfen lassen, von holzigen Stellen befreien und in Stücke schneiden.

3. Das Eiweiß leicht aufschlagen. Die Fleischstücke darunterrühren, portionsweise in der Stärke wenden. Das Öl im Wok erhitzen. Die Fleischstücke darin etwa 3 Minuten fritieren. Auf Küchenpapier abtropfen lassen.

4. Bis auf 2 Eßlöffel das Öl aus dem Wok abgießen. Den Wok wieder erhitzen, die Zwiebeln und den Ingwer darin unter Rühren etwa 2 Minuten braten. Leicht salzen. Alle vorbereiteten Zutaten und die Cashewkerne (nicht das Fleisch) dazugeben, etwa 2 Minuten braten. Mit Salz, Pfeffer und Austernsauce abschmecken. Das Fleisch noch kurz unter Rühren mitbraten.

Im Bild hinten: Gebratenes Huhn
Im Bild vorne: Gedämpftes Huhn

Würzige Wachteln

kaŏ-rŭ-gē

Zutaten für 4 Personen:
8 küchenfertige Wachteln
1 Teel. Fünf-Gewürz-Pulver
Salz, Zucker
3 Eßl. Reiswein
2 Teel. helle Sojasauce
1/2 Teel. Sesamöl
1/4 l Pflanzenöl zum Fritieren
1 Teel. Speisestärke
Für die Sauce:
1 Frühlingszwiebel
3 Knoblauchzehen
1 kleines Stück Ingwer
1 Bund Koriandergrün
200 ccm Hühnerbrühe
4 Eßl. Reiswein
2 Eßl. dunkle Sojasauce
1 Teel. gem. Szetschuan-Pfeffer
2 Teel. Speisestärke

Pro Portion etwa:
1500 kJ / 360 kcal
47 g Eiweiß · 15 g Fett
6 g Kohlenhydrate

• Zubereitungszeit: etwa 45 Minuten

1. Die Wachteln innen mit einer Mischung aus Fünf-Gewürz-Pulver und je 1 Prise Salz und Zucker gründlich einreiben. In einer Marinade aus dem Reiswein, der Sojasauce, Salz und dem Sesamöl wenden und 30 Minuten ziehen lassen.

2. Für die Sauce die Frühlingszwiebel putzen und waschen, die Knoblauchzehen und den Ingwer schälen, das Koriandergrün (ohne die Wurzel) gründlich waschen. Alles klein hacken.

3. Das Öl zum Fritieren im Wok erhitzen. Die Wachteln leicht mit Speisestärke bestäuben, 3–4 Minuten fritieren. Die Wachteln herausnehmen.

4. Das Öl bis auf 2 Eßlöffel aus dem Wok abgießen. Die Zwiebel, den Knoblauch und den Ingwer im Wok glasig werden lassen. Die Brühe, den Reiswein, die Sojasauce und das Koriandergrün dazugeben, etwa 5 Minuten leicht kochen lassen. Die Sauce durch ein Sieb gießen, wieder aufkochen, mit Salz und Szetschuan-Pfeffer abschmecken. Mit angerührter Speisestärke binden und über die Wachteln gießen.

Putenfilet mit Lychees

lián-jì-huŏ-jì

Zutaten für 4 Personen:
10 getrocknete chinesische Morcheln
500 g Putenbrust
Salz, Zucker, Pfeffer
2 Eßl. Reiswein
3 Frühlingszwiebeln
100 g Bambussprossen (aus der Dose)
200 g Broccoli
1 kleine Dose Lychees
1 Eßl. helle Sojasauce
1 Teel. Essig
1 Teel. Chilisauce
6 Eßl. neutrales Pflanzenöl
1 Teel. gehackter Ingwer
1/2 Tasse Lotussamen (aus der Dose)
2 Eßl. Speisestärke

Pro Portion etwa:
1800 kJ / 430 kcal
37 g Eiweiß · 19 g Fett
25 g Kohlenhydrate

• Zubereitungszeit: etwa 1 Stunde

1. Die Morcheln 10 Minuten in warmem Wasser einweichen. Das Putenfleisch 3 cm groß würfeln, in Salz, Zucker, Pfeffer und Reiswein etwa 20 Minuten marinieren.

2. Die Frühlingszwiebeln putzen und waschen. Weiße und grüne Teile getrennt in 1 cm lange Stücke schneiden. Die Bambussprossen klein würfeln. Den Broccoli putzen, waschen, in Röschen zerteilen.

3. 2 Eßlöffel Lychee-Saft (aus der Dose) mit der Sojasauce, Essig, Chilisauce, 1 Eßlöffel Zucker, Salz und Pfeffer verrühren. Die Morcheln abtropfen lassen, von holzigen Stellen befreien, in Stücke schneiden.

4. Das Öl im Wok erhitzen. Die weißen Zwiebelteile und den Ingwer darin kurz braten. Das Putenfleisch bei starker Hitze unter Rühren etwa 1 Minute mitbraten.

5. Die Hitze reduzieren, die Bambussprossen, den Broccoli und die Morcheln hinzufügen, unter Rühren 3 Minuten braten. Die vorbereitete Sauce angießen, einmal aufkochen. Die Lotussamen und die Lychees 2 Minuten bei geringer Hitze mitbraten. Die Speisestärke mit etwas Wasser glattrühren, die Sauce damit binden. Abschmecken, mit den grünen Zwiebelteilen bestreuen.

Bild oben: Putenfilet mit Lychees
Bild unten: Würzige Wachteln

Geschmorte Ente mit acht Kostbarkeiten

bā-baŏ-yā

Zutaten für 4 Personen:
6 getrocknete chinesische Morcheln
6 getrocknete Tongupilze
50 g getrocknete Lilienknospen (Goldene Nadeln)
1 Ente (etwa 1,5 kg)
Salz
1 daumengroßes Stück Ingwer
abgeriebene Schale von 1 unbehandelten Orange
1/4 Teel. Fünf-Gewürz-Pulver
1/4 Teel. Pfeffer
1 Eßl. Hoisinsauce
2 Eßl. helle Sojasauce
50 g Lotussamen (aus der Dose)
50 g Cashewkerne, ungesalzen
100 g tiefgefrorene Erbsen
2 Eßl. neutrales Pflanzenöl
5 getrocknete chinesische Datteln
5 getrocknete Pflaumen
1 Teel. Speisestärke
1 Teel. Reiswein

Für Gäste

Pro Portion etwa:
4800 kJ / 1100 kcal
76 g Eiweiß · 79 g Fett
31 g Kohlenhydrate

• Zubereitungszeit: etwa 2 Stunden

1. Die Morcheln, die Tongupilze und die Lilienknospen waschen und getrennt in warmem Wasser einweichen.

2. Die Ente säubern, kurz waschen und trockentupfen. Längs halbieren, den Hals, die Flügel und die Keulen abschneiden, den Rumpf zerteilen. Alles in einen Topf geben und knapp mit Wasser bedecken. Salzen, aufkochen, etwa 20 Minuten köcheln lassen. Die Ententeile anschließend herausheben und abtrocknen.

3. Den Ingwer schälen und fein hacken. Mit der Orangenschale, dem Fünf-Gewürz-Pulver, 1/4 Teelöffel Salz, dem Pfeffer, der Hoisinsauce und 1 Teelöffel Sojasauce verrühren, die Ententeile damit gut einreiben. Etwa 10 Minuten ziehen lassen.

4. Die Lotussamen abtropfen lassen, mit den Cashewkernen mischen. Die Erbsen mit heißem Wasser übergießen, abtropfen lassen, dazugeben.

5. Die Morcheln gründlich waschen, von holzigen Stellen befreien, entstielen. Die Tongupilze entstielen, die Hüte ausdrücken, das Einweichwasser beiseite stellen. Die Pilze kleinschneiden.

6. Die Lilienknospen entstielen, quer halbieren, aus jeder Nadel einen Knoten machen.

7. Mit einem Messer möglichst viel Marinade von den Ententeilen abschaben und beiseite stellen. Das Öl im Wok oder in einer Pfanne erhitzen, die Ententeile darin auf beiden Seiten goldgelb braten. Die Pilze, die Lilienknospen und die Erbsenmischung dazugeben, 2 Minuten garen. Das Einweichwasser der Tongupilze und die abgeschabte Marinade einrühren. Den Wok zudecken, alles bei milder Hitze etwa 15 Minuten schmoren.

8. Die Ententeile wenden. Die Datteln und die Pflaumen entsteinen, halbieren und in den Wok geben. Zugedeckt noch etwa 15 Minuten schmoren, bis das Fleisch zart wird. Vom Herd nehmen.

9. Die Ententeile in mundgerechte Stücke schneiden. Auf einer Platte mit den übrigen Zutaten aus dem Wok anrichten.

10. Den Wok wieder erhitzen. Die Brühe der Ententeile durch ein Sieb gießen, 200 ccm davon in den Wok gießen. Die restliche Sojasauce unterrühren. Die Speisestärke mit etwas Wasser glattrühren, die Sauce damit binden. Mit dem Reiswein, Salz und Pfeffer abschmecken. Über die Ententeile träufeln und sofort servieren.

Diese geschmorte Ente sollte bei Ihrem nächsten Festessen im Mittelpunkt stehen. Natürlich können Sie sie auch mit vier oder sechs Kostbarkeiten zubereiten, wenn Sie nicht alle bekommen.

Peking-Ente

bei-jing-kao-ya

Zutaten für 6 Personen:
1 Ente (küchenfertig, etwa 2 kg)
Salz
Essig
5 Eßl. Reiswein
1 Eßl. Honig
2 Eßl. Zitronensaft
2 Teel. Speisestärke
1/2 Teel. Sesamöl
Für die Sauce:
1 Tasse Hoisinsauce
1 Teel. Reiswein
1 Teel. Sesamöl
etwas Chilisauce

Braucht etwas Zeit

Pro Portion etwa:
3300 kJ / 790 kcal
62 g Eiweiß · 57 g Fett
4 g Kohlenhydrate

- Marinier- und Ruhezeit:
  mindestens 12 Stunden
- Zubereitungszeit: etwa
  1 1/2 Stunden

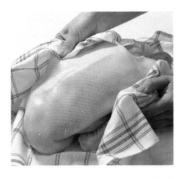

1. Die Ente säubern, waschen und trockentupfen, das innere Fett entfernen. In einem Topf etwa 2 l Wasser mit etwas Essig aufkochen. Die Ente darin 1–2 Minuten anbraten. Herausnehmen, mit einem Küchentuch gut abtrocknen. Dabei die Haut massieren, damit sie sich vom Fleisch lockern läßt, sie soll aber nicht verletzt werden.

2. Einen Fleischerhaken in den Hals der Ente stecken, die Ente für etwa 2 Stunden an einen kühlen, luftigen Ort hängen.

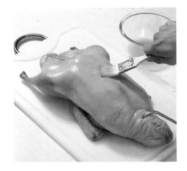

3. Für die Glasur 1/2 Tasse heißes Wasser, den Reiswein, den Honig, den Zitronensaft, die Speisestärke und das Sesamöl verrühren. Die Ente damit sorgfältig einpinseln. Trocknen lassen, nach 1 Stunde erneut einpinseln. Drei- oder viermal wiederholen, anschließend über Nacht, mindestens jedoch 5 Stunden trocknen lassen.

4. Den Backofen auf 175° vorheizen. Die Ente mit der Brust nach oben auf den Rost legen, in den Ofen schieben. Die mit etwas Wasser gefüllte Fettpfanne darunter einschieben, die Ente etwa 20 Minuten rösten.

5. Die Ente mit Hilfe eines Kochlöffels herausnehmen, den Saft aus dem Inneren in eine Schüssel gießen, die Ente dann mit der Brust nach unten weitere 20 Minuten rösten. Ab und zu mit etwas Glasur einpinseln.

6. Die Ente erneut wenden, das Fettwasser aus der Ente abgießen. Mit der Brust nach oben nochmals etwa 20 Minuten rösten, jetzt aber die Fettpfanne darunter ohne Wasser einschieben. Die Hitze auf 150° reduzieren, falls die Ente zu dunkel wird.

7. Die Ente aus dem Ofen nehmen. Die Haut mit einem scharfen Messer flach vom Fleisch abschneiden. Das Fleisch von den Knochen lösen und mundgerecht würfeln. Die Saucen-Zutaten und 100 ccm Wasser in einem kleinen Topf verrühren, aufkochen.

8. Fleisch und Haut der Peking-Ente mit der Sauce und mit Krabbenbrot, Mandarin-Pfannkuchen und Frühlingszwiebeln anrichten.

Tip!

Peking-Ente wird auf eine ganz spezielle Art angerichtet: Gebackene Krabbenbrotstücke legt man auf einen großen Teller, die abgelöste Entenhaut kommt darüber. Die Sauce wird in Schälchen umgefüllt, das Entenfleisch wird separat auf einem Teller gereicht, garniert mit Frühlingszwiebeln. Eine weitere Beilage sind Mandarin-Pfannkuchen. Jeder legt sich zuerst einen davon auf seinen Teller. Darauf kommen Frühlingszwiebel-Streifen und etwas Entenhaut. Der Pfannkuchen wird zusammengerollt und in Sauce getunkt. Das Entenfleisch wird mal mit eingerollt, mal mit Gemüse-Austernsauce getrennt gegessen.

Mandarin-Pfannkuchen

2 1/2 Tassen Mehl mit etwas Salz und 1 Tasse kochendem Wasser verrühren. Etwas abkühlen lassen, geschmeidig kneten. Zur 7 cm dicken Rolle formen, in 1 cm dicke Scheiben schneiden, etwas flach drücken. Die Scheiben mit Sesamöl bepinseln und je zwei Stück mit den geölten Seiten aufeinander legen. Flach ausrollen. In einer trockenen, heißen Pfanne von beiden Seiten einige Minuten braten, bis sich kleine Blasen zeigen.

Gebackene Garnelen

zhá-dá-xiā

Zutaten für 4 Personen:
24 ungeschälte Riesengarnelen
Salz
weißer Pfeffer, frisch gemahlen
2 grüne Paprikaschoten
5 Eßl. Mehl
4 Eßl. Speisestärke
1 1/2 Teel. Backpulver
1/2 l neutrales Pflanzenöl

Etwas teurer

Pro Portion etwa:
1700 kJ / 400 kcal
31 g Eiweiß · 21 g Fett
22 g Kohlenhydrate

• Zubereitungszeit: etwa 1 Stunde

1. Von den Garnelen die Schalen bis auf die Schwänze abtrennen. Mit einer Messerspitze die Rücken der Garnelen aufschlitzen, die Därme herauslösen. Auf der Unterseite der Garnelen vom Kopf bis zum Schwanz einen flachen Schnitt machen. Die Garnelen mit Salz und Pfeffer bestreuen.

2. Die Paprikaschoten putzen, waschen und in grobe Stücke schneiden.

3. Für den Ausbackteig das Mehl, die Speisestärke und das Backpulver in eine Schüssel sieben. Mit etwa 8 Eßlöffeln Wasser zu einem glatten Teig verrühren, etwa 5 Minuten quellen lassen. Anschließend etwa 2 Teelöffel Öl unter den Teig rühren.

4. Das restliche Öl im Wok erhitzen. Die Garnelen am Schwanz festhalten, in den Teig tauchen. Den Teig etwas abtropfen lassen und die Garnelen in das heiße Öl geben. 2–3 Minuten fritieren. Auf Küchenpapier abtropfen lassen.

5. Die Paprikastücke ebenfalls in das Öl geben, etwa 3 Minuten fritieren. Herausnehmen, abtropfen lassen. Auf eine Platte geben, in der Mitte leicht aufhäufen. Die Garnelen mit den Schwänzen nach außen drum herum arrangieren. Nach Belieben mit Sojasauce, Chilisauce oder einer süßsauren Sauce servieren.

Knusprige Garnelen-Bällchen

cuí-xiā-jiaŏ

Zutaten für 4 Personen:
500 g geschälte Garnelen
(Nordseekrabben)
5 Wasserkastanien (aus der Dose)
50 g frischer Schweinespeck
1 Teel. Salz
Pfeffer, frisch gemahlen
etwas Zucker
2 Teel. Speisestärke
1 Eiweiß
6 Scheiben Weißbrot
1 l neutrales Pflanzenöl

Etwas teurer

Pro Portion etwa:
2200 kJ / 520 kcal
27 g Eiweiß · 36 g Fett
23 g Kohlenhydrate

• Zubereitungszeit: etwa 1 Stunde

1. Die Garnelen sehr fein würfeln und kalt stellen. Die Wasserkastanien abtropfen lassen und ebenfalls sehr fein hacken. Den Speck winzig würfeln oder durch den Fleischwolf drehen.

2. In einer großen Schüssel die Garnelen, den Speck, das Salz, Pfeffer, Zucker und die Speisestärke sorgfältig verrühren. Die Wasserkastanien dazugeben. Das Eiweiß leicht aufschlagen und untermischen. Zu einer Paste verarbeiten, etwa 20 Minuten im Kühlschrank ziehen lassen.

3. Das Weißbrot entrinden und klein würfeln. Auf einem Brett ausbreiten. 1 Teelöffel Öl unter die Garnelenpaste rühren, zu walnußgroßen Bällchen formen, sorgfältig in den Brotwürfeln wenden.

4. Das Öl im Wok erhitzen, die Bällchen darin rundherum goldbraun fritieren. Herausheben, auf Küchenpapier abtropfen lassen. Reis und süß-saure Sauce oder Sojasauce dazu servieren.

Im Bild hinten: Gebackene Garnelen
Im Bild vorne: Knusprige Garnelen-Bällchen

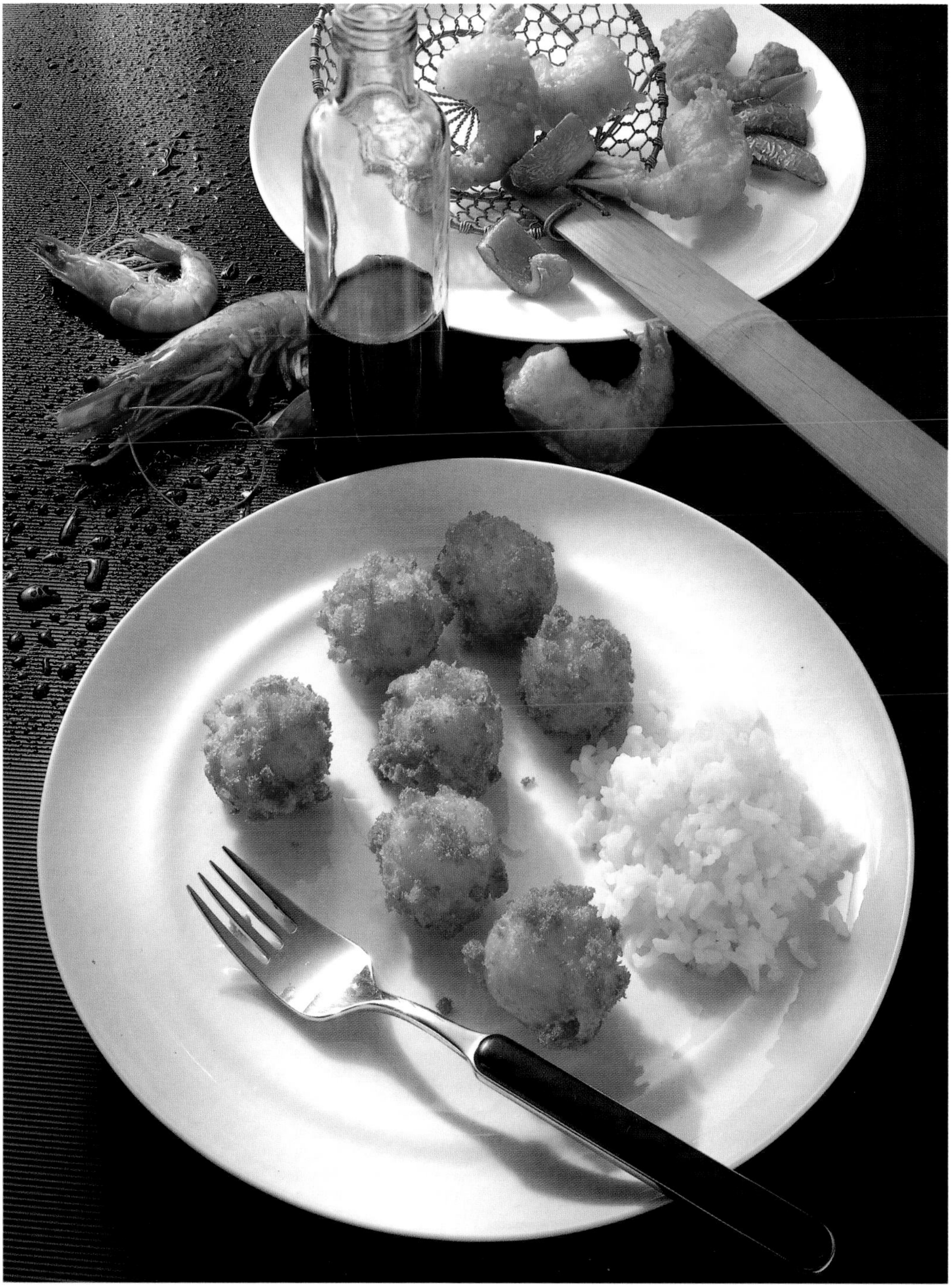

Gebratene Tintenfische in Bohnensauce

jiàng-shāo-yóu-yú

Meist gibt es bei uns Tintenfisch küchenfertig vorbereitet zu kaufen, greifen Sie aber in der Tiefkühltruhe nicht aus Versehen zu panierten Ringen. Sind die Tintenfische noch nicht ausgenommen, müssen Sie sie gründlich unter fließendem Wasser waschen, ausnehmen, alle harten Teile, den Kopf und die Augen abtrennen. Durch das kurze Bad in kochendem Wasser werden die Tintenfisch-Stücke knackiger.

Zutaten für 4 Personen:
800 g Tintenfisch (küchenfertig)
4 Frühlingszwiebeln
8 Knoblauchzehen
1 walnußgroßes Stück Ingwer
2 kleine rote Chilischoten
4 Teel. Austernsauce
2 Teel. Speisestärke
1/4 l Pflanzenöl zum Fritieren
4 Eßl. schwarze Bohnenpaste
2 Eßl. Reiswein

Etwas teurer

Pro Portion etwa:
1520 kJ / 360 kcal
42 g Eiweiß · 18 g Fett
9 g Kohlenhydrate

• Zubereitungszeit: etwa
  40 Minuten

1. Den Tintenfisch waschen. Den Kopf abtrennen, die Augen entfernen und durchspülen. Die Tentakeln in drei oder vier Teile schneiden. Den Rumpf umstülpen und mit der Messerspitze kreuzweise einritzen, in 2 x 4 cm große Stücke schneiden. Kurz in kochendes Wasser tauchen, bis sich die Stücke krümmen, kalt abschrecken.

2. Die Frühlingszwiebeln putzen, waschen und in kurze Stücke schneiden. Grüne und weiße Teile dabei trennen. Den Knoblauch und den Ingwer schälen, die Chilischoten putzen, alles fein hacken. Die Austernsauce mit der Stärke und 4 Eßlöffeln Wasser glattrühren.

3. Das Öl im Wok erhitzen. Die Tintenfisch-Stücke hineingeben, nach 10 Sekunden wieder herausheben. Das Öl bis auf 2 Eßlöffel abgießen, den Wok wieder erhitzen.

4. Die weißen Zwiebelteile, den Knoblauch und den Ingwer darin glasig werden lassen. Die Chilischote und die Bohnenpaste einrühren. Das Tintenfischfleisch untermischen, einige Sekunden mitbraten. Die angerührte Speisestärke dazugießen und aufkochen, mit dem Reiswein beträufeln, mit dem Zwiebelgrün bestreuen.

Brassen mit Honigglasur

mī-zhī-li-yú

Chiliöl können Sie leicht selbst herstellen: 200 g frische rote Chilischoten waschen, putzen und sorgfältig entkernen (Handschuhe dabei anziehen!). Etwa 1/4 l Erdnußöl in einer Pfanne bis knapp unter den Rauchpunkt erhitzen, die Chilischoten hineingeben, den Wok sofort vom Herd ziehen. Abkühlen lassen, gut verschlossen im Kühlschrank aufbewahren.

Zutaten für 4 Personen:
4 küchenfertige Meerbrassen (je 250–300 g)
Salz
1/2 Teel. gemahlener Szetschuan-Pfeffer
1 Eßl. in Sirup eingelegter Ingwer
1 Eßl. Honig
1/2 Teel. Ingwerpulver
3 Eßl. Essig
etwas Chiliöl oder Tabasco
1 Teel. abgeriebene Orangenschale (unbehandelt)
2 Eßl. neutrales Pflanzenöl
1 Teel. Sesamöl
1 Frühlingszwiebel
1/2 Bund Koriandergrün
4 Limettenscheiben

Etwas teurer

Pro Portion etwa:
810 kJ / 190 kcal
32 g Eiweiß · 5 g Fett
5 g Kohlenhydrate

• Zubereitungszeit: etwa 30 Minuten

1. Die Brassen auf beiden Seiten mit einem Messer rautenförmig einschneiden. Innen und außen mit Salz und dem Szetschuan-Pfeffer einreiben.

2. Den Ofen auf 200° vorheizen. Den eingelegten Ingwer fein hacken, mit dem Honig, dem Ingwerpulver, dem Essig, dem Chiliöl, der Orangenschale und dem Öl verrühren. Die Brassen innen und außen damit bestreichen.

3. Die Fische auf den Ofenrost legen. In der Ofenmitte etwa 15 Minuten garen. Zwischendurch einmal wenden und mehrfach mit der Glasur bestreichen.

4. Die Frühlingszwiebel putzen, waschen und in 3 cm lange Stücke schneiden, an beiden Seiten einschneiden. In kaltes Wasser legen. Die Fische auf einer Platte anrichten, mit Frühlingszwiebel, gehacktem Koriandergrün und Limettenscheiben garnieren.

Abalonen in Austernsauce

háo-yú-baõ-yú

Zutaten für 4 Personen:
400 g Abalonen (aus der Dose)
200 ccm Hühnerbrühe
1 daumengroßes Stück Ingwer
3 Schalotten
2 Eßl. neutrales Pflanzenöl
50 g Bambussprossen in dünnen
Scheiben (aus der Dose)
50 g tiefgefrorene Erbsen
1 Eßl. Reiswein
1 Teel. eingelegter grüner Pfeffer
4 Eßl. Austernsauce
1 Prise Salz
1/4 Teel. Zucker
1 Eßl. Speisestärke
1/4 Teel. Sesamöl
etwas gehacktes Koriandergrün

Etwas teurer

Pro Portion etwa:
920 kJ / 220 kcal
27 g Eiweiß · 8 g Fett
10 g Kohlenhydrate

• Zubereitungszeit: etwa 30 Minuten

1. Die Abalonen abtropfen lassen. Mit der Hühnerbrühe in einen kleinen Topf geben und leicht erhitzen. Herausnehmen und in hauchdünne Scheiben schneiden. Die Brühe beiseite stellen.

2. Den Ingwer und die Schalotten schälen, fein hacken, in dem Öl im Wok glasig werden lassen. Die Bambussprossen und die Erbsen untermischen, 3 Minuten unter Rühren braten.

3. Den Reiswein, den Pfeffer, die Austernsauce, das Salz, den

Zucker und die Hühnerbrühe dazugeben, aufkochen. Die Speisestärke mit etwas Wasser verrühren, die Sauce damit binden. Abschmecken.

4. Die Abalonen auf eine Platte geben, mit der Sauce und mit dem Sesamöl beträufeln. Mit dem gehackten Koriandergrün bestreut servieren.

Knuspriger Fisch süß-sauer

tañg-cù-yú

Zutaten für 2 Personen:
500 g küchenfertiger Seefisch
(z.B. Meerbrasse)
Salz
Fünf-Gewürz-Pulver
1 Zwiebel
2 Knoblauchzehen
1 daumengroßes Stück Ingwer
1 Möhre
50 g tiefgefrorene Erbsen
3 Eßl. Sojasauce
2 Eßl. Reiswein
1 Eßl. Tomatenmark
2 Eßl. Ketchup
2 Eßl. Essig
2 Eßl. Zucker
60 g Speisestärke
1/2 l neutrales Pflanzenöl
1 Ei

Raffiniert

Pro Portion etwa:
2700 kJ / 640 kcal
30 g Eiweiß · 33 g Fett
56 g Kohlenhydrate

• Zubereitungszeit: etwa 1 Stunde

1. Den Fisch auf beiden Seiten mit einem Messer kreuz und quer leicht einritzen. Innen und außen mit Salz und Fünf-Gewürz-Pulver einreiben.

2. Die Zwiebel schälen, vierteln, in Scheiben schneiden, den Knoblauch und den Ingwer schälen und fein hacken. Die Möhre schälen, waschen und in dünne Scheiben schneiden. Die Erbsen brühen, abtropfen lassen.

3. Die Sojasauce, den Reiswein, das Tomatenmark, das Ketchup, den Essig, den Zucker und 200 ccm Wasser verrühren. Etwa 1 Eßlöffel Speisestärke mit etwas Wasser glattrühren.

4. Das Öl im Wok erhitzen. Das Ei verquirlen, den Fisch im Ei, dann in Speisestärke wenden. Im heißen Öl von jeder Seite etwa 5 Minuten backen. Gut abtropfen lassen, warm stellen.

5. Das Öl bis auf 1 Eßlöffel abgießen. Den Wok wieder erhitzen, die Zwiebel, den Knoblauch, den Ingwer, die Möhre und die Erbsen darin etwa 2 Minuten unter Rühren braten.

6. Die Saucenmischung angießen, aufkochen, mit Speisestärke binden. Abschmecken, über den Fisch träufeln.

Im Bild oben:
Knuspriger Fisch süß-sauer
Im Bild unten:
Abalonen in Austersauce

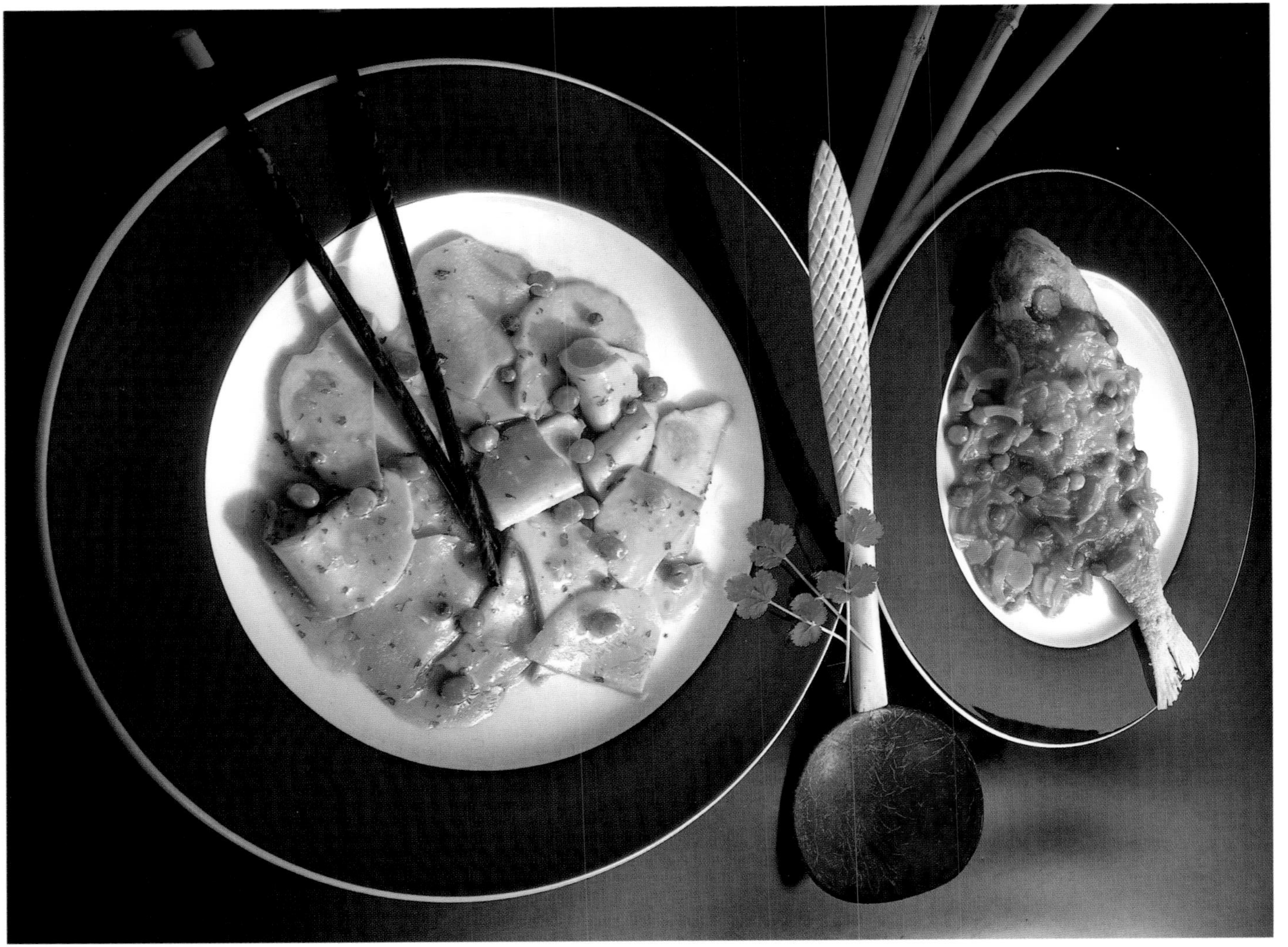

Karpfen Szetschuaner Art

sì-chuān-lí-yú

Zutaten für 4 Personen:
1 Karpfen (küchenfertig: 1,5 kg)
Essig
Salz, Zucker, Pfeffer
2 Eßl. Speisestärke
3 Knoblauchzehen
1 haselnußgroßes Stück Ingwer
2 Frühlingszwiebeln
2 grüne Peperoni
2 Eßl. Sojabohnenpaste (Miso)
1 Eßl. dunkle Sojasauce
2 Eßl. Reiswein
1 Teel. Chilisauce oder Tabasco
200 ccm Hühnerbrühe
4 Eßl. neutrales Pflanzenöl

Raffiniert

Pro Portion etwa:
1700 kJ / 400 kcal
42 g Eiweiß · 20 g Fett
11 g Kohlenhydrate

• Zubereitungszeit: etwa 50 Minuten

1. Den Karpfen auf beiden Seiten mit einem Messer über Kreuz leicht einschneiden. Innen und außen mit Essig, Salz, Zucker und Pfeffer einreiben, mit Speisestärke bestäuben.

2. Die Knoblauchzehen und den Ingwer schälen und fein hacken. Die Frühlingszwiebeln putzen, waschen und kleinschneiden. Die Peperoni putzen, entkernen und grob hacken. Die Bohnenpaste zerdrücken, mit der Sojasauce, dem Reiswein, der Chilisauce und der Hühnerbrühe verrühren.

3. Das Öl in einer Pfanne erhitzen, den Knoblauch und den Ingwer darin anschwitzen. Den Karpfen darin auf jeder Seite 3–5 Minuten braten. Herausnehmen.

4. Die Frühlingszwiebeln und die Peperoni anbraten. Die Sauce angießen und aufkochen. Den Karpfen darin zugedeckt etwa 20 Minuten bei kleiner Hitze köcheln. Herausnehmen und auf eine Platte legen. Die Sauce abschmecken und über den Karpfen träufeln.

Gedämpfter Karpfen

qín-zhēng-lí-yú

Zutaten für 4 Personen:
3 getrocknete Tongupilze
3 getrocknete chinesische Morcheln
1 Karpfen (küchenfertig: etwa 1,3 kg)
2 Eßl. Zitronensaft
Salz
1 kleines Stück Ingwer
8 Eßl. Reiswein
4 Eßl. Hoisinsauce
1 Stange Sellerie
1 dünne Scheibe Ananas
20 g Glasnudeln
1 Frühlingszwiebel
1 Eßl. helle Sojasauce
etwas Sesamöl
gehacktes Koriandergrün

Für Gäste

Pro Portion etwa:
2500 kJ / 600 kcal
82 g Eiweiß · 21 g Fett
16 g Kohlenhydrate

• Zubereitungszeit: etwa 1 Stunde

1. Die Pilzsorten getrennt in Wasser einweichen. Den Karpfen waschen, trockentupfen, mit dem Zitronensaft beträufeln und salzen. Kreuz und quer leicht einschneiden.

2. Den Ingwer schälen und reiben, mit 3 Eßlöffeln Reiswein, Salz und 1 Eßlöffel Hoisinsauce verrühren, den Fisch außen damit einreiben. Auf eine hitzebeständige, tiefe Platte legen, im großen Dampftopf 10-15 Minuten dämpfen.

3. Den Sellerie putzen, waschen, kleinschneiden. Die Ananasscheibe schälen, fein stifteln. Die Glasnudeln kurz in heißem Wasser einweichen, in kurze Stücke schneiden. Die Frühlingszwiebel putzen, waschen, in feine 3 cm lange Streifen schneiden.

4. Die Tongupilze ausdrücken, entstielen und vierteln. Die Morcheln putzen, von holzigen Stellen befreien und ebenfalls vierteln.

5. Die Sojasauce, die übrige Hoisinsauce und den restlichen Reiswein im Wok aufkochen. Alle Zutaten hineingeben, aufkochen. Über den Karpfen im Dampftopf träufeln. Weitere 5 Minuten dämpfen. Mit Sesamöl beträufeln, mit dem Koriandergrün bestreuen.

Bild oben: Karpfen Szetschuaner Art
Bild unten: Gedämpfter Karpfen

VEGETARISCHES

Geschmorte Gemüse

kaŏ-qiñ-caì

Zutaten für 4 Personen:
10 getrocknete Tongupilze
20 frische junge (sehr kleine)
Maiskölbchen
Salz
1 kleine Dose Waldpilze (250 g)
200 g Bambussprossen in Scheiben
(aus der Dose)
3 EßI. neutrales Pflanzenöl
2 EßI. helle Sojasauce
Zucker

Gelingt leicht

Pro Portion etwa:
910 kJ / 220 kcal
8 g Eiweiß · 8 g Fett
29 g Kohlenhydrate

• Zubereitungszeit: etwa 30 Minuten

1. Die Tongupilze waschen und etwa 10 Minuten in 2 Tassen warmem Wasser einweichen.

2. Die Maiskolben entstielen, gründlich waschen, in wenig Salzwasser etwa 5 Minuten kochen. Die Tongupilze entstielen, über dem Einweichwasser ausdrücken, das Einweichwasser beiseite stellen. Die Waldpilze abtropfen lassen, halbieren. Die Bambussprossen abtropfen lassen.

3. Das Öl im Wok erhitzen, die Pilze darin etwa 5 Minuten anbraten. Alle übrigen Zutaten untermischen, Pilzwasser und das Wasser der Maiskolben angießen, bei schwacher Hitze 15–20 Minuten kochen lassen.

Mehlklöße mit Pilzgemüse

zháo-miaǹ-jiñ-qiñ-caì

Die Klöße sind als Grundlage für die chinesisch-buddhistische Küche unentbehrlich. Original verwendet man dafür Hartweizenmehl. Man kann die Klöße auch in Salzwasser kochen. Nach knapp 5 Minuten schwimmen sie oben und sind gar.

Zutaten für 4 Personen:
Für die Klöße:
1 kg Weizenmehl
1 1/2 Teel. Salz
1/2 l Pflanzenöl zum Fritieren
Für die Sauce:
10 getrocknete chinesische Morcheln
10 getrocknete Tongupilze
3 EßI. neutrales Pflanzenöl
Salz
1 EßI. gehackter Ingwer
10 Strohpilze (aus der Dose)
50 g Bambussprossen (aus der
Dose, kleingeschnitten)
6 EßI. helle Sojasauce
6 EßI. Hoisinsauce
Zucker, Pfeffer

Braucht etwas Zeit

Pro Portion etwa:
1800 kJ / 430 kcal
9 g Eiweiß · 26 g Fett
40 g Kohlenhydrate

• Zubereitungszeit: etwa 3 1/2 Stunden (davon etwa 2 Stunden Ruhezeit)

1. Für die Klöße das Mehl mit gut 1/2 l lauwarmem Wasser und dem Salz zu einem glatten Teig vermischen. Geschmeidig und elastisch kneten. Mit einem feuchten Küchentuch umhüllen, 1–2 Stunden ruhen lassen.

2. Den Teig in einen Durchschlag geben. Unter fließendem kaltem Wasser mit beiden Händen kneten und pressen, als ob man ein Tuch wäscht. So lange waschen, bis das Wasser klar bleibt. (Das Mehl wird dadurch herausgewaschen, zurück bleibt lediglich das Gluten.)

3. Für die Sauce die Morcheln und die Tongupilze getrennt etwa 10 Minuten in je 1 Tasse warmem Wasser einweichen. Anschließend die Morcheln waschen, holzige Stellen entfernen, kleinschneiden. Die Tongupilze über dem Einweichwasser ausdrücken, das Wasser aufbewahren. Entstielen, halbieren.

4. Das Öl im Wok erhitzen, leicht salzen. Den Ingwer darin glasig braten. Alle Pilze kurz anbraten, die Bambussprossen unter Rühren mitbraten. Mit dem Pilzwasser, der Soja- und der Hoisinsauce, Salz, Zucker und Pfeffer würzen. 15–20 Minuten zugedeckt schmoren.

5. Das Gluten ausdrücken, zu 20 Klößen teilen. Das Öl erhitzen, die Klöße darin portionsweise 2 Minuten fritieren. Herausheben, gut abtropfen lassen. Mit dem Gemüse servieren.

Im Bild oben: Mehlklöße
mit Pilzgemüse
Im Bild unten: Geschmorte Gemüse

Spinatrollen

baō-cāi-juan

Zutaten für 4 Personen:
20 große Spinatblätter
Salz
1 Frühlingszwiebel
2 Knoblauchzehen
1 daumengroßes Stück Ingwer
250 g Tofu
1 Ei
3 EßI. helle Sojasauce
1 EßI. Reiswein
2 EßI. Speisestärke
Pfeffer, frisch gemahlen
Zucker
1/4 l Gemüsebrühe
etwas Sesamöl

Raffiniert

Pro Portion etwa:
500 kJ / 120 kcal
8 g Eiweiß · 5 g Fett
11 g Kohlenhydrate

• Zubereitungszeit: etwa
  45 Minuten

1. Die Spinatblätter gründlich waschen. Gut 1 Minute in kochendem Salzwasser blanchieren, gründlich abtropfen lassen.

2. Die Frühlingszwiebel putzen, waschen und klein würfeln, die Knoblauchzehen und den Ingwer schälen und fein hacken, den Tofu klein würfeln. Alles mit dem Ei, der Sojasauce, dem Reiswein, 1 Eßlöffel Speisestärke, Salz, Pfeffer und Zucker gründlich vermischen.

3. Die Spinatblätter auf der Arbeitsfläche ausbreiten, je 1 Eßlöffel Füllung daraufgeben und zur Wurst formen. Aufrollen, quer halbieren.

4. Die halbierten Rollen mit den Schnittflächen nach unten in einen Topf setzen. Die Hälfte der Brühe angießen, etwa 5 Minuten bei mittlerer Hitze zugedeckt dünsten. Die restliche Speisestärke mit der übrigen Brühe verrühren, in den Topf gießen, noch 2–3 Minuten kochen lassen. Heiß servieren.

Tip!

Nicht-Vegetarier bereiten die Spinatrollen mit Hackfleisch zu und gießen statt Gemüsebrühe Hühnerbrühe in den Topf.

Gedämpftes Senfgrün mit Sojabohnen-Käsesauce

jiē-lań-zhēng

Zutaten für 4 Personen:
1 kg Senfgrün oder Paksoi
1 Frühlingszwiebel
1 Chilischote
3 Tomaten
5 Würfel Sojabohnenkäse
(50 g; aus der Dose)
2 EßI. neutrales Pflanzenöl
1/2 TeeI. Sesamöl
3 TeeI. Zucker
1 TeeI. helle Sojasauce
1 EßI. Reiswein
1 TeeI. Speisestärke

Gelingt leicht

Pro Portion etwa:
770 kJ / 180 kcal
11 g Eiweiß · 8 g Fett
16 g Kohlenhydrate

• Zubereitungszeit: etwa
  30 Minuten

1. Das Senfgrün waschen und putzen, die harten Stiele entfernen. Das Grün in kurze Stücke schneiden. In den Dämpfeinsatz geben, über kochendem Wasser etwa 10 Minuten dämpfen.

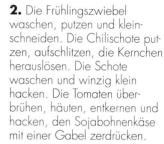

2. Die Frühlingszwiebel waschen, putzen und kleinschneiden. Die Chilischote putzen, aufschlitzen, die Kernchen herauslösen. Die Schote waschen und winzig klein hacken. Die Tomaten überbrühen, häuten, entkernen und hacken, den Sojabohnenkäse mit einer Gabel zerdrücken.

3. Beide Ölsorten im Wok erhitzen, den Zucker einrühren, die Zwiebel und die Chiliringe darin glasig werden lassen. Die Tomaten und den Sojabohnenkäse einrühren, bei schwacher Hitze unter ständigem Rühren garen.

4. Die Sojasauce und den Reiswein angießen. Die Speisestärke mit etwas Wasser glattrühren, die Sauce damit binden. Das gedämpfte Senfgrün auf eine Platte geben, die Sauce darüber verteilen und heiß servieren.

Tip!

Gedünsteter Spinat oder gedämpfte Auberginen zur Sauce serviert, sind in der chinesisch-buddhistischen vegetarischen Küche besonders beliebt.

Broccoli süß-sauer

tang-cù-jiè-lan

Zutaten für 4 Personen:
800 g Broccoli
Salz
250 g Strohpilze (aus der Dose)
2 Möhren
1 Frühlingszwiebel
1 daumengroßes Stück Ingwer
3 Eßl. neutrales Pflanzenöl
2 Eßl. Zucker
2 Eßl. Essig
2 Eßl. Ketchup
2 Eßl. helle Sojasauce
2 Teel. Speisestärke

Für Gäste

Pro Portion etwa:
800 kJ / 190 kcal
10 g Eiweiß · 7 g Fett
21 g Kohlenhydrate

• Zubereitungszeit: etwa 45 Minuten

1. Den Broccoli waschen, putzen und in kleine Röschen zerteilen. Den Strunk schälen und fein stifteln. In einen Topf legen, 2 Tassen Wasser angießen, salzen und zugedeckt etwa 5 Minuten dünsten. Gut abtropfen lassen, den Sud auffangen.

2. Die Strohpilze abtropfen lassen. Die Möhren schälen, waschen und in feine Streifen schneiden. Die Frühlingszwiebel putzen, waschen und in kleine Stücke schneiden, weiße und grüne Teile dabei trennen. Den Ingwer schälen und hacken.

3. Das Öl im Wok erhitzen. Etwas Salz und etwas Zucker hineinstreuen, die weißen Zwiebelteile und den Ingwer darin glasig werden lassen.

4. Den Broccoli, die Strohpilze und die Möhren hinzufügen, unter Rühren braten. Mit 1 Tasse Broccolibrühe ablöschen, den Essig, den Ketchup, die Sojasauce, den restlichen Zucker und Salz einrühren. 2 Minuten garen.

5. Die Speisestärke mit etwas Wasser verquirlen, seitlich unter Rühren in den Wok gießen. Nur noch kurz aufkochen. Abschmekken, das Zwiebelgrün darüber streuen.

Chinakohl in Cremesauce

nǎi-yóu-bái-caì

Zutaten für 4 Personen:
800 g Chinakohl
1 daumengroßes Stück Ingwer
1 Frühlingszwiebel
200 ccm Milch
2 Eßl. Speisestärke
Salz, Pfeffer
2 Eßl. neutrales Pflanzenöl
1/2 Bund frisches Koriandergrün

Preiswert

Pro Portion etwa:
530 kJ / 130 kcal
5 g Eiweiß · 7 g Fett
12 g Kohlenhydrate

• Zubereitungszeit: etwa 30 Minuten

1. Den Chinakohl putzen und waschen, die Blätter längs halbieren, in etwa 8 cm breite Stücke schneiden.

2. Den Ingwer schälen und fein hacken. Die Frühlingszwiebel putzen, waschen und kleinschneiden. Die Milch, die Speisestärke, Salz und Pfeffer kräftig verquirlen.

3. Das Öl im Wok erhitzen, etwas Salz einrühren, den Ingwer und die Zwiebelwürfel darin glasig werden lassen. Den Chinakohl in den Wok geben, unter ständigem Wenden etwa 3 Minuten braten.

4. Die vorbereitete Würz-Milch in den Wok gießen. Bei mittlerer Hitze unter Rühren noch etwa 3 Minuten kochen. Abschmecken, mit dem gehackten Koriandergrün bestreuen.

Im Bild hinten: Chinakohl
in Cremesauce
Im Bild vorne: Broccoli süß-sauer

Tofu in Sojasauce

jiang-shao-dou-fu

Zutaten für 4 Personen:
500 g Tofu
3 Frühlingszwiebeln
1 daumengroßes Stück Ingwer
4 EßI. neutrales Pflanzenöl
Zucker
1 EßI. Hoisinsauce
1 EßI. dunkle Sojasauce
1 EßI. Reiswein

Schnell

Pro Portion etwa:
780 kJ / 190 kcal
10 g Eiweiß · 13 g Fett
7 g Kohlenhydrate

• Zubereitungszeit: etwa 20 Minuten

1. Den Tofu in 3 cm große Würfel schneiden. Die Frühlingszwiebeln putzen, waschen und in dünne Ringe schneiden, dabei grüne und weiße Teile voneinander trennen.

2. Den Ingwer schälen und fein hacken. Das Öl im Wok erhitzen, die weißen Zwiebelteile und den Ingwer darin glasig werden lassen. Mit etwas Zucker würzen.

3. Den Tofu untermischen, unter vorsichtigem Wenden etwa 2 Minuten braten. Die Hoisinsauce, die Sojasauce und den Reiswein mischen, in den Wok gießen. Etwa 2 Minuten bei mittlerer Hitze kochen lassen. Die grünen Zwiebelteile untermischen.

Tofu Szetschuan

sì-chuan-dou-fu

Zutaten für 4 Personen:
8 getrocknete Tongupilze
500 g Tofu
Salz
1 Frühlingszwiebel
1 daumengroßes Stück Ingwer
2 Knoblauchzehen
1 Möhre
1 kleine rote Chilischote
100 g Bambussprossen (aus der Dose)
1/4 l neutrales Pflanzenöl
1 EßI. eingelegter grüner Pfeffer
Zucker
3 EßI. dunkle Sojasauce

Gelingt leicht

Pro Portion etwa:
1400 kJ / 330 kcal
13 g Eiweiß · 24 g Fett
14 g Kohlenhydrate

• Zubereitungszeit: etwa 45 Minuten

1. Die Tongupilze waschen und etwa 10 Minuten in warmem Wasser einweichen. Den Tofu längs halbieren und rundherum mit Salz einreiben.

2. Die Frühlingszwiebel putzen, gründlich waschen und kleinschneiden. Den Ingwer und die Knoblauchzehen schälen und hacken. Die Möhre schälen, waschen und in dünne Streifen schneiden. Die Chilischote putzen, aufschlitzen, die Samen sorgfältig herauswaschen, die Schote in sehr feine Ringe schneiden. Die Bambussprossen abtropfen lassen und stifteln. Die

Pilze entstielen und in Streifen schneiden, das Einweichwasser beiseite stellen.

3. Das Öl im Wok erhitzen, die Tofustücke darin goldgelb fritieren. Herausheben und in 3 cm große Würfel schneiden. Das Öl bis auf 3 Eßlöffel aus dem Wok abgießen.

4. Den Wok wieder erhitzen, die Frühlingszwiebel, den Ingwer und den Knoblauch darin glasig werden lassen.

5. Die übrigen vorbereiteten Zutaten einrühren, 2 Minuten mitbraten. Den Tofu untermischen. Mit dem grünen Pfeffer, Zucker und der Sojasauce würzen. Bei mittlerer Hitze etwa 5 Minuten garen. Mit dem Pilzwasser ablöschen, noch etwa 5 Minuten weiter kochen lassen.

Bild oben: Tofu Szetschuan
Bild unten: Tofu in Sojasauce

Abalonen-Suppe

baò-yú-tāng

Zutaten für 4 Personen:
500 g Hühnerklein
1 Zwiebel
1 daumengroßes Stück Ingwer
1/2 Bund Koriandergrün
1 Teel. Pfefferkörner
Salz, Zucker
125 g Hühnerbrustfilet
2 Eßl. Reiswein
150 g Abalonen (aus der Dose)
1 Frühlingszwiebel
Pfeffer, frisch gemahlen

Pro Portion etwa:
500 kJ / 120 kcal
21 g Eiweiß · 3 g Fett
2 g Kohlenhydrate

• Zubereitungszeit: etwa
  1 1/2 Stunden

1. Das Hühnerklein waschen, das Fett abschneiden. Die Zwiebeln schälen, grob zerteilen, den Ingwer schälen und zerdrücken, das Koriandergrün putzen, die Wurzel entfernen. Alles zusammen in einem Topf mit gut 1 l kaltem Wasser übergießen. Die Pfefferkörner dazugeben, langsam aufkochen.

2. Den Schaum abschöpfen, bis die Brühe klar bleibt. Mit Salz und Zucker würzen, halb zugedeckt 30−60 Minuten köcheln. Durchseihen, mit Küchenpapier entfetten.

3. Das Hühnerfleisch in dünne Streifen schneiden. Mit Salz einreiben und mit etwas Reiswein beträufeln. Kurz ziehen lassen. Die Abalonen in hauch-feine Scheiben schneiden. Die Frühlingszwiebel putzen, waschen und fein hacken.

4. Die Brühe wieder aufkochen, das Hähnchenfilet darin 1 Minute garen. Salzen und pfeffern, die Abalonen und die Frühlingszwiebel untermischen, einmal kurz aufkochen, mit Reiswein abschmecken.

Taubeneier-Suppe

diàn-hūa-tañg

Zutaten für 4 Personen:
500 g Suppenknochen
250 g Schweinerippen
250 g Hühnerklein
1 Zwiebel
1 daumengroßes Stück Ingwer
1/2 Stange Sellerie
1 Sternanis
Salz, Zucker
100 g Schweineschnitzel
Pfeffer, frisch gemahlen
1 Eßl. dunkle Sojasauce
1 Eßl. Reiswein
1 Frühlingszwiebel
1 Bund Chrysanthemenkraut
(Blätter; ersatzweise Brunnenkresse)
1 Eßl. neutrales Pflanzenöl
12 gekochte Tauben- oder
Wachteleier
einige Tropfen Chiliöl

Raffiniert

Pro Portion etwa:
830 kJ / 200 kcal
16 g Eiweiß · 17 g Fett
3 g Kohlenhydrate

• Zubereitungszeit: etwa
  2 1/4 Stunden

1. Die Knochen, die Rippchen und das Hühnerklein waschen. Die Zwiebel schälen und grob zerteilen, den Ingwer schälen und zerdrücken, den Sellerie zerschneiden. Alles in einem Topf mit etwa 1 1/2 l Wasser bedecken, mit dem Sternanis, Salz und etwas Zucker würzen, aufkochen. Den Schaum und das Fett abschöpfen, halb zugedeckt bei schwacher Hitze 1 1/2 Stunden köcheln. Abseihen, abkühlen lassen, entfetten.

2. Das Schweineschnitzel in feine Streifen schneiden, mit Pfeffer, der Sojasauce und dem Reiswein vermischen, etwa 5 Minuten ziehen lassen. Die Frühlingszwiebel putzen und waschen, grüne und weiße Teile getrennt kleinschneiden. Das Chrysanthemenkraut waschen, die Wurzel abschneiden, das Kraut grob hacken.

3. Die Brühe wieder aufkochen. Das Öl im Wok erhitzen, die weißen Zwiebelteile darin glasig werden lassen. Das Fleisch etwa 1 Minute mitbraten. In die Brühe geben. Den Schaum abschöpfen.

4. Die Eier pellen, in der Suppe 1−2 Minuten bei schwacher Hitze köcheln. Die Hitze wieder erhöhen, das Chrysanthemenkraut einrühren. Aufkochen, mit Chiliöl abschmecken.

Im Bild hinten: Taubeneier-Suppe
Im Bild vorne: Abalonen-Suppe

Garnelen-Suppe

xiān-xiā-táng

Zutaten für 4 Personen:
1 kg Fischabschnitte
250 g Hühnerklein
1 Teel. Pfefferkörner
1 Stange Sellerie
1 Zwiebel
1/2 Bund Koriandergrün
2 zarte Lauchstangen
Salz
20–30 geschälte Tiefseegarnelen
Pfeffer, frisch gemahlen
1 Eßl. Reiswein
1 Eßl. neutrales Pflanzenöl
2 Eier
1 Eßl. Speisestärke
etwas Chilisauce
Limettenscheiben

Pro Portion etwa:
560 kJ / 130 kcal
14 g Eiweiß · 7 g Fett
4 g Kohlenhydrate

• Zubereitungszeit: etwa
  1 1/2 Stunden

1. Die Fischabschnitte und das Hühnerklein abbrausen, mit den Pfefferkörnern in einen Topf geben. Den Sellerie waschen, die Zwiebel schälen, grob zerteilen. Das Koriandergrün putzen und grob hacken. 1 Lauchstange aufschlitzen, waschen und grob zerschneiden, alles in den Topf geben. Mit kaltem Wasser bedecken, aufkochen und den Schaum abschöpfen. Salzen, halb zugedeckt etwa 1 Stunde bei milder Hitze köcheln lassen. Abseihen.

2. Die Garnelen vorsichtig waschen, mit etwas Salz und Pfeffer einreiben, mit dem Reiswein beträufeln. Die zweite Lauchstange ebenfalls putzen und waschen, kleinhacken. Das Öl im Wok erhitzen, die Hälfte des Lauchs darin anschwitzen. Die Garnelen kurz mit anbraten.

3. Die Brühe wieder aufkochen. Die Eier leicht verschlagen, langsam unter Rühren hineingeben. Die Speisestärke mit etwas Wasser verquirlen, die Brühe damit binden. Die Garnelen kurz darin erhitzen. Mit Chilisauce beträufeln, den restlichen Lauch aufstreuen, mit Limettenscheiben darin servieren.

Sauer-scharfe Suppe

sūn-lá-taŋ

Zutaten für 4 Personen:
5 getrocknete chinesische Morcheln
10 g Lilienknospen
10 g Glasnudeln
50 g Schweineschnitzel
50 g Hühnerbrustfilet
Salz, Pfeffer, frisch gemahlen
je 2 Eßl. helle und dunkle Sojasauce
1 Frühlingszwiebel
50 g Bambussprossen (aus der Dose)
1 Bund Koriandergrün
1 l Hühnerbrühe
1 Eßl. neutrales Pflanzenöl
3 Eßl. Obstessig
1 Ei
2 Eßl. Speisestärke
Chilisauce

Pro Portion etwa:
680 kJ / 160 kcal
11 g Eiweiß · 7 g Fett
15 g Kohlenhydrate

• Zubereitungszeit: etwa 1 Stunde

1. Die Morcheln, die Lilienknospen und die Glasnudeln getrennt in Wasser einweichen. Das Fleisch in feine Streifen schneiden, in einer Marinade aus 1 Eßlöffel Wasser, Salz, Pfeffer und der Hälfte der Sojasauce 10 Minuten ziehen lassen.

2. Die Frühlingszwiebel putzen und waschen, weiße und grüne Teile getrennt hacken. Die Bambussprossen stifteln. Das Koriandergrün putzen und hacken. Die Morcheln putzen und zerkleinern. Die Lilienknospen zerschneiden.

3. Die Brühe in einem Topf aufkochen. Das Öl im Wok erhitzen, die weißen Zwiebelteile glasig werden lassen. Das Fleisch kurz mit anbraten, in die Brühe geben. Die Bambussprossen, die Morcheln und die Lilienknospen untermischen, aufkochen. Mit den Sojasaucen, Salz, Pfeffer und dem Essig abschmecken. Das Ei leicht verschlagen, langsam einrühren. Die Stärke mit etwas Wasser anrühren, die Brühe damit binden. Die zerschnittenen Glasnudeln hineingeben, mit Chilisauce und Zwiebelgrün würzen.

Im Bild hinten: Sauer-scharfe Suppe
Im Bild vorne: Garnelensuppe

Gedämpfter Früchtekuchen

shuǐ-guǒ-dañ-gáo

Originalgetreu serviert man die Früchtekuchen auf Bananenblättern. Eine leichter nachvollziehbare Möglichkeit: Blätter von hiesigen Obstbäumen verwenden. Diese Blätter zuvor einige Zeit in Salzwasser legen.

Zutaten für 6 Personen:
5 getrocknete chinesische Datteln
5 getrocknete Aprikosen
2 EßI. Rosinen
2 EßI. Haselnüsse
4 Eier
4 EßI. Zucker
4 EßI. Mehl
einige Tropfen Bittermandelöl
1 EßI. neutrales Pflanzenöl
75 g kandierte Früchte

Für Gäste

Pro Portion etwa:
1000 kJ / 240 kcal
7 g Eiweiß · 9 g Fett
34 g Kohlenhydrate

• Zubereitungszeit: etwa 50 Minuten

1. Die Datteln, die Aprikosen, die Rosinen und die Haselnüsse klein hacken. Die Eier und den Zucker mit einem Schneebesen schaumig schlagen. Das Mehl, den Mandelextrakt und die vorbereitete Frucht-Nuß-Mischung untermischen.

2. 6 hitzebeständige Förmchen oder Tassen mit dem Öl ausstreichen. Die kandierten Früchte fein hacken und auf den Boden der Förmchen streuen. Den Teig darüber verteilen.

3. Die Förmchen im Dampftopf über Wasser etwa 20 Minuten dämpfen, stürzen und anrichten.

Mandelgelee

xiñg-reñ-doū-fū

Zutaten für 4 Personen:
4 Blatt weiße Gelatine (oder 5 g
geschnittenes Agar-Agar)
2 EßI. Zucker
70 g feste Kokosnußcreme
6 Tropfen Bittermandelöl
200 ccm Orangen- oder Ananassaft
50 g brauner Zucker
Saft von 1 Limette oder Zitrone
100 g Lychees
2 Scheiben Ananas
4 Cocktailkirschen

Raffiniert

Pro Portion etwa:
1200 kJ / 290 kcal
8 g Eiweiß · 11 g Fett
36 g Kohlenhydrate

• Zubereitungszeit: etwa
  1 1/4 Stunden
• Kühlzeit: mindestens 1 Stunde

1. Die Gelatine 5 Minuten in kaltem Wasser einweichen. Etwa 1/4 l Wasser mit dem Zucker zum Kochen bringen. Vom Herd nehmen, die Gelatine darin auflösen.

2. Die Kokosnußcreme fein raspeln, mit dem Bittermandelöl unterrühren. In eine flache Schüssel umgießen, im Kühlschrank erstarren lassen.

3. Den Fruchtsaft, den braunen Zucker, den Limettensaft und gut 1/8 l Wasser unter Rühren aufkochen, bis sich der Zucker gelöst hat. Abkühlen lassen.

4. Das erstarrte Mandelgelee in Würfel schneiden. Auf Teller verteilen, mit dem Sirup übergießen. Mit Lychees, zerteilten Ananasscheiben und Cocktailkirschen garniert servieren.

Tip!

Kokosnußcreme wird in blockförmigen Packungen zu je 250 g verkauft. Die für Cocktails angebotene Creme in Dosen ist flüssiger und zudem stark gesüßt, den Zucker weglassen, wenn Sie diese Creme verwenden. Neuerdings gibt es Kokosnußpulver in Tüten.

Bild oben: Mandelgelee
Bild unten: Gedämpfter Früchtekuchen

Geburtstags-Pau

shoū-táo-baó

Für festliche Gelegenheiten – insbesondere für Geburtstage – bemalen die Chinesen die Teigsäckchen mit etwas Lebensmittelfarbe rosa und grün. Diese Farben verwandeln die Teigtaschen – sie wirken dann wie chinesische Himmelspfirsiche, deren Genuß einer chinesischen Legende zufolge für ein langes Leben sorgen würde.

Zutaten für 4 Personen:
300 g Weizenmehl (und Mehl zum Formen)
1 Päckchen Backpulver
5 Eßl. Puderzucker
3 Eßl. Schweineschmalz
1/2 Teel. weißer Essig
2 Dosen süße rote Bohnenpaste (je 225 g)
Pergamentpapier
2 Eßl. Sesamöl

Braucht etwas Zeit

Pro Portion etwa:
3000 kJ / 710 kcal
9 g Eiweiß · 17 g Fett
130 g Kohlenhydrate

• Zubereitungszeit: etwa
  1 3/4 Stunden (davon
  etwa 30 Minuten Ruhezeit)

1. Das Mehl und das Backpulver in eine Schüssel sieben, den Puderzucker und das Schmalz dazugeben. Gut 1/8 l handwarmes Wasser und den Essig angießen, alles zu einem weichen, glatten Teig verkneten. Mit einem Tuch abdecken, etwa 30 Minuten ruhen lassen.

2. Den Teig in 16 Portionen teilen, zu Bällchen formen. Auf ein bemehltes Brett legen, jeweils zu einem 10 cm großen Kreis ausrollen.

3. Je 1 Eßlöffel Bohnenpaste in die Kreismitte geben. Den Teigrand rundherum anheben, über der Füllung zusammendrücken und leicht verdrehen, damit die Füllung wie in einem Säckchen fest eingeschlossen ist.

4. Aus Pergamentpapier 16 kleine Quadrate (etwa 5 x 5 cm) zurechtschneiden, mit Sesamöl bestreichen. Die Teigsäckchen daraufheben. In den Bambuskorb des Dampftopfes setzen, über Wasser 15 Minuten dämpfen.

Sesambällchen

zhī-má-qiú

Zutaten für 8 Personen:
100 g Zucker
2 Eßl. Kokosmilch (oder Wasser)
2 Eier
1 Eßl. Kokosfett
250 g Mehl
10 g getrocknete Kokosraspel
1/4 Teel. Backpulver
1 Messerspitze Natronpulver
Salz
100 g Sesamsamen
1 l Pflanzenöl zum Fritieren

Preiswert

Pro Portion etwa:
1500 kJ / 360 kcal
8 g Eiweiß · 20 g Fett
38 g Kohlenhydrate

• Zubereitungszeit: etwa
  50 Minuten

1. Den Zucker mit der Kokosmilch verrühren. Die Eier leicht verschlagen, das Kokosfett zerlassen. Alles gründlich vermischen.

2. Das Mehl, die Kokosraspel, das Backpulver, 1 Prise Salz und das Natronpulver vermischen, unter die Creme rühren. Alles zu einem geschmeidigen Teig verkneten.

3. Mit 2 Teelöffeln kleine Klößchen abstechen, in den Sesamsamen wälzen. Mit den Händen zu Kugeln formen, weiter in Sesam wälzen, bis sie völlig damit bedeckt sind.

4. Das Öl im Wok nicht zu stark erhitzen. Die Bällchen darin portionsweise goldgelb fritieren. Sie dehnen sich dabei aus – nicht zu viele Bällchen gleichzeitig in das Öl geben. Auf Küchenpapier abtropfen lassen. Warm servieren.

Tip!

Knuspriger werden die Bällchen, wenn man sie vor dem Fritieren mit etwas Bier bepinselt.

Im Bild hinten: Sesambällchen
Im Bild vorne: Geburtstags-Pau

Zum Gebrauch

Damit sie Rezepte mit bestimmten Zutaten noch schneller finden können, stehen in diesem Register zusätzlich auch Zutaten wie Lilienknospen und Reis – ebenfalls alphabetisch geordnet und halbfett gedruckt – über den entsprechenden Rezepten.

IMPRESSUM

Umschlag-Vorderseite:
Das Rezept für »Gebratenes
Huhn« mit Erbsen, Ingwer und
Cashewkernen finden Sie auf
Seite 30.

Bezugsquelle für die Zutaten
von Seite 7 bis 9:
Asiatische Feinkost Borobudur
(Java)
Augustenstr. 94
8000 München 40
Tel: 0 89/5 23 65 73

Die Deutsche Bibliothek –
CIP-Einheitsaufnahme
Thai, Kim Lan:
Chinesisch kochen: Original-
Rezepte, die leicht gelingen; mit
vielen Tips, auf die es ankommt;
jedes Rezept in Farbe / Kim
Lan Thai. – München:
Gräfe und Unzer, 1992.
(GU-Küchen-Ratgeber)
ISBN 3-7742-5243-2

4. Auflage 1992
© Gräfe und Unzer GmbH,
München.

Redaktion: Angelika Ilies
Layout: Ludwig Kaiser
Typografie und Herstellung:
Rober Gigler
Fotos: Odette Teubner,
Kerstin Mosny;
Magda Weber Seite 4, 5
Umschlaggestaltung:
Heinz Kraxenberger
Reproduktionen:
Repro Greineder
Satz: GSD
Druck und Bindung:
Kaufmann, Lahr
ISBN 3-7742-5243-2

Dr. Kim Lan Thai
wurde in Hue (Vietnam) gebo-
ren. Seit 1965 lebt sie in
Deutschland. Sie lehrt an der
Universität München buddhisti-
sche und englische Philosophie.
Für die asiatische Küche hat sie
eine besondere Liebe bewahrt.
Zu diesem Buch wurde sie von
ihren deutschen Freunden ange-
regt, die sie bei festlichen
deutsch-asiatischen Treffen mit
fernöstlichen Spezialitäten
bewirtet. Neben vielen Geheim-
tips aus der asiatischen Küche
hat Frau Kim Lan Thai für diesen
Küchen-Ratgeber ihre Lieblings-
gerichte zusammengetragen.
Die Autorin gibt auch Kochkurse
für die asiatische Küche im
Deutsch-Asiatischen Begeg-
nungszentrum in München.